Schizophrenie

Bericht einer Mutter

»Nahaufnahmen«

Ada Norden

Schizophrenie

Bericht einer Mutter

Die Deutsche Bibliothek verzeichnet diese Publikation in der Deutschen Nationalbibliografie. Detaillierte bibliografische Daten sind im Internet abrufbar unter http://dnb.d-nb.de

Besuchen Sie gern unsere Verlage im Internet:
www.alma-marta.de
www.marta-press.de

Die Namen der Autorin und ihres Sohnes wurden verändert, um die Persönlichkeitsrechte des Sohnes zu schützen.

1. Auflage April 2023
© 2023 Marta Press, Hamburg, Germany
www.marta-press.de
Alle Rechte vorbehalten.
Kein Teil des Werkes darf in irgendeiner Form (durch Fotografie, Mikrofilm oder andere Verfahren) ohne schriftliche Genehmigung des Verlages reproduziert oder unter Verwendung elektronischer Systeme verarbeitet, vervielfältigt oder verbreitet werden.
Lektorat: Ulrike Gramann, Berlin.
© Umschlaggestaltung: Andreas Imhof, Hamburg, unter Verwendung eines Fotos von
© Laura Chouette, unsplash.com
Printed in Germany.
ISBN: 978-3-96837-026-2

Inhaltsverzeichnis

Dieses Buch ist allen
Angehörigen und Wegbegleiter:innen
psychisch erkrankter Menschen gewidmet.
Sie möchten helfen und
suchen immer wieder nach Wegen.
Oft möchten sie mehr tun,
als es ihnen möglich ist.

Ada Norden, März 2023.

Vorwort

Was zählt, ist der Mensch,
nicht die Krankheit.
(Verfasser:in unbekannt)

Psychisch schwer erkrankte Menschen werden in
unserer Gesellschaft immer noch stigmatisiert und
sind in der Versorgung im Vergleich mit körperlich
erkrankten Menschen immer noch benachteiligt. In
der ambulanten Versorgung psychisch schwer
erkrankter Menschen gibt es dringenden
Handlungsbedarf. Angehörigenverbände und
zahlreiche weitere Gremien beklagen seit Jahren die
unzureichenden Möglichkeiten der ambulanten
Hilfen und fordern neue Regelungen. Je schwerer
die psychische Erkrankung eines Betroffenen ist,
desto schwerer wird es, helfen zu können und zu
dürfen. Die Fachpresse und Verbände weisen immer
wieder auf die aktuellen Probleme hin. So hieß im
November 2022 das Motto der Jahrestagung der
Deutschen Gesellschaft für Soziale Psychiatrie e. V.
(DGSP) in Leipzig „Systemfehler? Schwer zu
erreichen ist nicht unerreichbar". Im Umgang mit
den schwer Erreichbaren sei Zeit und Kontakt das
Wichtigste und oft nicht vorhanden, so Lennart

Tute, Vertreter der Leipziger Wohnungs- und Baugesellschaft auf der Tagung.[1]

Ilona Czinczoll, Leiterin eines Gesundheitsamts im Norden fasste auf einer Podiumsdiskussion 2022 zusammen:

> „Die ganz niederschwellige Basisarbeit müsste noch weiter ausgearbeitet werden, die Lebensassistenz zu Hause ist wichtig."[2]

Und Prof. Dr. phil. Thomas Bock, Professor für Klinische Psychologie und Sozialpsychiatrie fordert:

> „[…] eine Reform, die Hilfen konsequent bedürfnisorientiert gestaltet, die Inklusion und Grundrechte sichert, inklusive eigener Wohnung, sinnvoller Beschäftigung und sozialer Anerkennung, braucht eine politische Konstanz."[3]

---

[1] N. N.: „Schwer zu erreichen…". In: „Eppendorfer. Zeitung für Psychiatrie und Soziales", Ausgabe 1.2023, S. 3.

[2] Freitag, Michael: „Der Wille ist da, aber die Umsetzung…" In: „Eppendorfer. Zeitung für Psychiatrie und Soziales", Ausgabe 6.2022, S. 10.

[3] Vgl. Bock, Thomas: „Umgang mit psychotischen Patienten", Psychiatrie Verlag 2013, S. 149.

Ich möchte mit diesem Buch und mit meiner persönlichen Geschichte Angehörigen Unterstützung geben und gleichzeitig darauf aufmerksam machen, wie dringend es ist, neue Möglichkeiten der ambulanten psychiatrischen Krankenversorgung zu schaffen. Die ambulante psychiatrische Versorgung muss neu aufgestellt werden. Ich hoffe, dies mit meinen Schilderungen und Erlebnissen beispielhaft, aber doch deutlich und eindringlich zeigen zu können.

Meine Bitte und gleichzeitige Aufforderung an alle Verantwortlichen in der Gesundheitspolitik ist: Verschaffen Sie sich einen Eindruck von der Notwendigkeit, auf diesem Gebiet aktiv zu werden. Die Psychiatrie-Enquete wird im Jahr 2025 fünfzig Jahre zurückliegen. Sie hat viele Verbesserungen gebracht, aber heute gibt es neue und ganz andere Herausforderungen! Machen Sie es möglich, dass die ambulante Versorgung psychisch schwer erkrankter Menschen in unserer Gesellschaft verbessert wird und einen anderen Stellenwert erhält.

Über dieses Buch

Manchmal ist eine Sehnsucht größer,
als die Erfüllung sein kann,
und dann bleibt eine leere, schmerzende Stelle
in der Seele zurück.
(Verfasser:in unbekannt)

Um diese schmerzende Stelle geht es in meinem Buch über die Erkrankung meines Sohnes an Schizophrenie und wie ich das seit 20 Jahren als Mutter erlebe. Die Erfahrungen mit der schweren und chronisch verlaufenden psychischen Erkrankung meines Kindes haben mich im Laufe der Jahre geprägt und mein Leben verändert. Die psychischen Krisen meines Sohnes waren sehr schwer zu ertragen, aber sie haben mich auch stärker gemacht und mich neue Wege gehen lassen. Wie ich heute bin, was mir wichtig ist und wo ich mich engagiere, ist das Ergebnis der langen intensiven Begleitung meines Sohnes.

Für Angehörige und Freunde bedeutet die psychische Erkrankung eines geliebten oder vertrauten Menschen fast immer erst einmal eine große Hilflosigkeit und Verunsicherung. Je enger die Bindung zur/m Erkrankten ist, desto stärker werden diese negativen Gefühle empfunden. Es gibt Angehörige von psychisch schwer Erkrankten, die das als „Hölle auf Erden" erleben. Die emotionale Belastung der Angehörigen ist extrem.

Mit der Erkrankung entsteht für die Betroffenen oft eine Unfähigkeit, das Alltagsleben überhaupt noch zu bewältigen. Ausbildungen werden abgebrochen, häufig verlieren die Erkrankten ihren Arbeitsplatz und/oder ihre Wohnung. Hinzu kommen finanzielle Sorgen, Probleme mit Behörden und insbesondere Schwierigkeiten mit dem sozialen Umfeld. Beziehungen und Freundschaften gehen in die Brüche, alle sozialen Kontakte werden belastet. Die Angehörigen und die wenigen verbleibenden Freundinnen und Freunde stehen hilflos daneben und erkennen den vertrauten Menschen nicht wieder. Sie müssen mit ansehen, wie sich der betroffene Mensch immer weiter in einen Teufelskreis verstrickt und oftmals krankheitsbedingt keine Hilfe annehmen kann.

Das Wissen über psychische Erkrankungen und das Verstehen von psychischen Veränderungen kann diese Probleme nicht lösen, aber es kann Ängste verringern, neue Kraft geben und den Seelenschmerz lindern.

Wenn ich mit meiner Geschichte andere schmerzende Seelen erreichen, ein wenig trösten und etwas helfen kann, hat das Buch seine Bestimmung erfüllt.

Ich lebe mit dieser schmerzenden Stelle, manchmal tritt sie für einige Zeit zurück, bricht aber immer wieder auf. Was mich so schmerzt, ist der dauerhafte Verlust der psychischen Gesundheit meines Sohnes und damit verbunden der Verlust eines Teils meiner eigenen Unbeschwertheit und Leichtigkeit im Leben, manchmal sogar auch meiner Zuversicht. Die Sehnsucht, dass mein Sohn nach einem ersten monatelangen Aufenthalt in der Klinik endlich wieder nach Hause kommt, wurde erfüllt, aber er wurde nicht gesund und mein Leben nie wieder wie vorher. Vieles in meinem Leben ist durch die Krankheit meines Sohnes anders als ich es mir gewünscht und geplant hatte. Aber ich habe die Herausforderung, diese Lebensumstände für mich zu meistern, angenommen.

Ich richte mich mit meiner persönlichen Geschichte an Angehörige und das Umfeld von psychisch erkrankten Menschen und natürlich an alle Interessierten. Mein Buch soll einen Beitrag zum besseren Verständnis von psychischen Erkrankungen leisten. Ich habe es immer als tröstlich empfunden, von anderen Menschen mit ähnlichen Erfahrungen zu lesen oder zu hören.

In den langen Jahren der Erkrankung meines Sohnes habe ich viel über psychische Krankheiten und die weitreichenden Folgen gelernt. Dieses Wissen hat mir sehr geholfen, mich und mein Leben abzugrenzen, wenn es nötig war, und mit den Herausforderungen besser umzugehen. Deshalb finden sich im Anhang des Buches persönliche Anmerkungen, Quellennachweise sowie Erklärungen der Fachbegriffe und Literaturtipps.

Einleitung

Man muss sein Leben aus dem Holz schnitzen,
das man hat.
(Theodor Storm)

Mein Sohn erkrankte mit 17 Jahren an einer Psychose aus dem schizophrenen Formenkreis. Es gab Zwangseinweisungen, und seine durch die Krankheit bedingten Verhaltensweisen führten neben vielen anderen Problemen zu Strafanzeigen und zum Wohnungsverlust. Mehrere Monate war mein Sohn in der französischen Fremdenlegion und für mich unerreichbar. Bessere und sehr schlechte Phasen wechselten sich ab, auch bedingt durch wiederholtes Absetzen der Medikation und durch seinen Versuch, sich selbst zu behandeln.

Für mich waren das immer wieder auch eigene persönliche Krisen. Seine Krankheit ist bis heute nicht überwunden, und ich musste lernen, mich und mein Leben davon möglichst unabhängig zu machen.

Den Kontakt zu meinem Sohn abzubrechen, kam für mich nie in Frage. Ich fühle nicht nur eine moralische Verpflichtung, für meinen Sohn da zu sein, sondern auch immer wieder ein Band zwischen uns, das nie zerreißen wird. Eine belanglose Unterhaltung über alltägliche Dinge mit meinem

Sohn kann mich fröhlich stimmen, und Zeiten, in denen ich ihn in seiner Welt nicht erreichen kann, machen mich immer wieder sehr traurig. Dann schmerzt die leere Stelle in meiner Seele.

Ich möchte mit diesem Buch Hilfestellung und auch Hoffnung geben. Auch bei einer chronischen psychischen Erkrankung gibt es gute Zeiten, und Besserung ist immer noch und immer wieder möglich. Angehörige und Freunde können die Herausforderung annehmen und den Erkrankten so gut wie möglich zur Seite stehen. Wir können neben der medizinischen Behandlung für die Besserung und Genesung eine wichtige Säule sein.

Wir haben schon auf Mama gewartet

*Es ist normal,
verschieden zu sein.*
(Richard von Weizäcker)

„Ihr Sohn hat psychotrope Substanzen genommen, oder er ist psychisch erkrankt. Wir wissen nicht, was noch passiert, und müssen ihn in jedem Fall hierbehalten. Am besten fahren Sie jetzt nach Hause und rufen uns morgen wieder an, dann wissen wir vielleicht mehr." Nach diesen Worten des Arztes in der psychiatrischen Klinik war ich entsetzt, aber gleichzeitig auch erleichtert darüber, meinen Sohn jetzt in Sicherheit zu wissen. Jens war zu diesem Zeitpunkt 17 Jahre alt.

Ich weiß nicht mehr, wie ich es geschafft habe, nach Hause zu kommen. Aber ich weiß, dass ich die ganze Nacht wach blieb und mich fragte: „Wie konnte ich mit Jens in diese Situation geraten, und warum fühle ich mich wie in einem falschen Film?"

Der Gedanke an den Konsum illegaler Drogen allein war für mich schon eine Horrorvorstellung und eine psychische Erkrankung unvorstellbar. Etwas musste ja in jedem Fall komplett schiefgelaufen sein. Hatte ich irgendeine Schuld? Ich zerbrach mir den Kopf, und Erinnerungen stiegen in mir auf. Sie gingen zurück bis in die Zeit, als Jens noch ein Kleinkind war.

„Es wird aber höchste Zeit, dass Jens in den Kindergarten kommt, der sitzt ja immer nur auf Deinem Schoß herum!" Als meine Freundin das sagte, saßen wir beim Kaffee in ihrer Küche, und sie war sehr ärgerlich. Jens hatte wieder mal keine Lust mit dem Sohn meiner Freundin zu spielen, weshalb wir eigentlich gekommen waren. Er blieb − wie meistens − lieber bei mir auf dem Schoß. Ich machte mir darüber aber keine Sorgen und war immer sehr glücklich mit meinem Wunschkind. Manchmal fühlte ich mich sogar als bessere Mutter, was ich heute nur ungern zugebe.

Der erste Tag im Kindergarten kam tatsächlich bald, denn ich musste wieder arbeiten. Jeden Morgen Krokodilstränen bei Jens und ein nagendes schlechtes Gewissen bei mir waren die Folge. Glücklicherweise gab es eine liebevolle Erzieherin, die sich viel Zeit für Jens nahm. Oft trug sie ihn auf den Armen, wenn ich zum Abholen kam, und sagte dann: „Wir haben schon auf Mama gewartet."

Für mich war das eine schwierige Zeit, und ich entschied mich damals, kein zweites Kind zu wollen. Heute sehe ich das anders, aber meine Ehe lief nicht gut und dadurch war die Entscheidung besiegelt.

Die Bindung zwischen meinem Sohn und mir blieb eng. Die Wochenenden verbrachte ich meist mit Jens bei den Großeltern oder auf kleinen

Ausflügen, während sein Vater anderen Interessen nachging. Meine Versuche, die Ehe zu retten, scheiterten. Bis zur Trennung dauerte es aber noch Jahre.

Es folgte die Zeit in der Grundschule. Jens war unterfordert, und ich diskutierte mit den Lehrerinnen, ob das Überspringen einer Klasse sinnvoll wäre. Die Klassenlehrerin hatte es empfohlen, aber letztlich entschied ich mich im Einvernehmen mit der Schule doch dagegen. Ich bemühte mich stattdessen, Jens andere Angebote zu machen. Für eine Musikschule, die ich kurzzeitig mit ihm besuchte, konnte er sich nicht begeistern. In der Schule erhielt Jens außerdem die Möglichkeit, Klavierspielen zu lernen, brach aber auch das schnell wieder ab. Ich versuchte es mit mehr Sport. Tischtennis wurde eine kleine Leidenschaft meines Sohnes. Er hatte einen sehr guten Trainer, gewann Turniere, und sogar in der Zeitung wurde über seine Erfolge als jüngster Spieler berichtet.

Gleichzeitig entwickelte Jens eine andere, noch größere Leidenschaft für Basketball. Er übte fast täglich auf dem Schulhof, der direkt gegenüber unserem Haus lag. Im Fernsehen wurden alle großen Spiele mit Spannung verfolgt und bewertet. Der Sportverein nahm Jens erst später auf, für Kinder im Grundschulalter gab es zu der Zeit noch keine Trainingsgruppen. Trotzdem nahm Basketball schon zu diesem Zeitpunkt viel Raum im Leben von Jens ein. Er wartete sehr darauf, endlich in einem

Verein spielen zu können, und trainierte fast täglich am Basketballkorb auf dem Schulhof.

Als Jens zwölf Jahre alt war, wurde die Trennung von seinem Vater für mich unvermeidlich.

Ist das die Pubertät oder stimmt was nicht?

Wenn es holprig wird, steigt man nicht aus,
sondern man schnallt sich an.
(Verfasser:in unbekannt)

Diese Frage stellen sich viele Eltern. Ich möchte deshalb über die damalige Situation und über mögliche erste Anzeichen, dass etwas nicht stimmte, berichten. Leider konnten damals weder ich noch andere die Zeichen richtig deuten. Ob ein sehr frühzeitiges Erkennen möglich gewesen wäre und wie konsequentes Handeln die weitere Entwicklung verändert hätte, kann natürlich heute niemand sagen.

Nach der Trennung war ich mit Jens in eine kleine Wohnung gezogen, die in der Nähe seiner Schule und meines Arbeitsplatzes lag. Jens besuchte inzwischen das Gymnasium, und ich wollte ihm nicht auch noch einen Schulwechsel zumuten. Ich konnte meine Arbeitszeiten so einrichten, dass ich mittags länger zu Hause war. So hatte ich Zeit für Jens und konnte mich auch um unseren kleinen Hund, der mit uns umgezogen war, und um das Mittagessen kümmern.

Basketball war immer noch sehr wichtig für Jens. Er spielte inzwischen in einem Verein, und ich fand mich jedes Wochenende in einer anderen Sporthalle auf der Zuschauer:innenbank wieder. Ich wurde als Fahrerin benötigt und hatte oft noch zwei oder drei andere Spieler in meinem Wagen. Auch unser Hund war immer dabei und wurde zwischendurch von mir ausgeführt.

Nach der ersten schweren Zeit hatte ich bald das Gefühl, die Trennung ohne große Einbrüche gut überstanden zu haben. Ich hatte den Eindruck, dass das auch für Jens galt. Mir ging es besser als zuvor, aber ich ahnte natürlich nicht, was kommen würde.

Ein Anruf der Englischlehrerin von Jens sorgte für erste Unruhe und ist mir bis heute im Gedächtnis geblieben. Die Lehrerin sagte, dass sie lange überlegt habe, ob sie mich anrufen solle oder nicht, und schilderte dann Folgendes: Es gäbe im Unterricht immer wieder Situationen, in denen mein Sohn bewusst und absichtlich mehrfach mit der Stirn auf den Tisch schlage. Fragen nach dem Grund für dieses Verhalten würde er nicht beantworten. Die Lehrerin sagte mir, dass ihr Mann Neurologe sei und sie das Problem mit ihm besprochen habe. Er hätte empfohlen, meinen Sohn bei einem

Schulpsychologen vorzustellen, worum sie mich nun bitten wollte. Ich war natürlich sehr darüber irritiert und fragte zuerst Jens, was das zu bedeuten habe. Das sei doch klar, war seine Antwort: „Die sind einfach zu blöd!" Er halte die dämlichen Fragen und Aufgaben im Unterricht manchmal einfach nicht mehr aus.

Ich setzte mich mit der schulpsychologischen Beratungsstelle in Verbindung und konnte Jens mit dem Hinweis, dass dort auch ein Intelligenztest gemacht wird, überreden den Termin wahrzunehmen. Die wesentlichen Ergebnisse waren ein hoher Intelligenzquotient, an der Grenze zur Hochbegabung und keine weiteren Auffälligkeiten. Einen besonderen Rat oder Tipp konnte ich nicht erhalten – alles im grünen Bereich, hieß es. Mein Sohn war stolz auf das Testergebnis und sagte später immer, er hätte einen schlechten Tag gehabt, sonst wäre er noch besser gewesen.

So lief unser Alltag also erst einmal weiter, allerdings wurden Jens' Leistungen in der Schule immer schlechter. Das hörte ich auch von anderen Müttern und schob die Probleme auf die beginnende Pubertät. Natürlich bemühte ich mich, Einfluss zu nehmen, aber leider ohne Erfolg. Später habe ich mir oft Vorwürfe gemacht, nicht konsequent genug gewesen zu sein. Hätte ich mit mehr Autorität doch etwas erreichen können? Jens interessierte sich mehr für Diskotheken und Partys als für Schule und

Hausaufgaben. Aber war das nicht bei allen Jugendlichen so?

Im Gegensatz zur Schule ging es mit dem Basketball zunächst aufwärts. Jens fiel mit seinen besonderen Spielleistungen einem Trainer des deutschen Basketballbundes auf und wurde in ein Auswahlteam aufgenommen. Ich war zu Elternabenden des Basketballbundes eingeladen und erfuhr, dass Jens in einem bis zwei Jahren auf Kosten des Basketballbundes ein Sportinternat besuchen könnte. Ich war sehr stolz auf ihn und besuchte schon bald beim Tag der offenen Tür mit Jens das Internat. Er war nicht so begeistert wie ich, aber auch nicht ablehnend. Ich dachte, das wird schon werden. Natürlich war meine stille Hoffnung, dass im Internat auch seine Schulleistungen wieder besser werden würden.

Jens hatte zu dieser Zeit herausgefunden, dass mit einem Röntgenbild der Handwurzelknochen bestimmt werden kann, welche Körpergröße ein Mensch erreicht. Da die Körpergröße im Basketball eine große Rolle spielt, drängte Jens darauf, die Untersuchung zu machen. Es stellte sich heraus, dass er unter zwei Meter Größe bleiben würde. Das Ergebnis bedrückte ihn, denn er war der Meinung, dass er mit maximal 1,98 m nicht zu den Besten gehören könnte. Später sagte Jens, dass er dadurch die Motivation verloren hätte, was ich nie richtig nachvollziehen konnte. Offensichtlich hatte Jens nur daran Interesse, als Einzelperson der Beste zu sein. Zu einem besten Team zu gehören, reichte ihm wohl nicht. Tatsächlich ließen seine Leistungen im Basketball bald nach, und Jens wurde zu wichtigen Turnieren nicht mehr aufgestellt. Ich suchte das Gespräch mit dem Trainer und erfuhr, dass Jens nicht bereit war, sein Bestes zu geben. Seine Leistungen seien für einen Auswahlspieler nicht mehr ausreichend. Er könne mehr, spiele aber nicht mit vollem Einsatz und sei auch nicht zu motivieren. Die Körpergröße wäre dabei gar nicht entscheidend, so der Trainer.

Natürlich versuchte ich alles, um Jens erneut zu begeistern und suchte auch Unterstützung durch seinen Vater. Es war aber nichts zu machen, und ich nahm Abschied von meinem kurzfristigen Traum als Mutter eines berühmten Basketballspielers. Das fiel mir nicht schwer, denn ich wünschte mir viel dringender, dass es in der Schule wieder besser klappen würde. In dieser Zeit gab es zahlreiche Schulgespräche, in denen ich immer wieder auf den Leistungsabfall hingewiesen wurde. In Französisch besuchte Jens auf mein Drängen hin mittlerweile einen Nachhilfeunterricht.

Trotz der Scheidung war ich in der glücklichen Lage, mit meinem Sohn verreisen zu können. Meine Hoffnung war, in einem gemeinsamen Urlaub wieder einen besseren Zugang zu Jens finden zu können. Ich suchte ein Sporthotel auf Fuerteventura aus. Meine Idee war, dort mit Jens große Fahrradtouren zu unternehmen, zu schwimmen und

Billard zu spielen. Ich ging davon aus, dass Jens in einem Sporthotel Gleichgesinnte finden würde, und bot ihm außerdem an, die dortige Surfschule zu besuchen. Daraus wurde leider nichts. Die Surfschule lehnte Jens ohne Begründung komplett ab, zu Fahrradtouren hatte er keine Lust, und am Strand langweilte er sich. Den Billardtisch nutzten wir zweimal. Oft blieb Jens trotz strahlenden Sonnenscheins und zahlreicher sportlicher Angebote bis mittags im Bett und war den Rest des Tages missgestimmt. Nur zwei Tage in diesem Urlaub konnte ich mit einer Tour in einem geliehenen Jeep über die Sandpisten retten. Dabei hatten wir viel Spaß. Aufgefallen war mir nur, dass Jens auf keinen Fall fotografiert werden wollte. Leider brachten diese beiden gelungenen Tage jedoch keine Veränderung, es wurde alles wieder wie vorher. Ich hoffte weiterhin, dass das allgemeine Desinteresse und die Antriebsarmut vorübergehende pubertäre Erscheinungen waren.

Zurück zu Hause wurde der Umgang mit Jens noch schwieriger. Ich begann Erziehungsratgeber zu lesen und besuchte Seminare. Dort sprach ich mit anderen Müttern, die erzählten, dass ihre Söhne seit Wochen nicht mehr ihre Zimmer verlassen hätten, und ich hörte von Mädchen, die das Essen verweigerten. Ich dachte, das ist ja viel schlimmer und da bin ich ja noch gut dran. Die Vorträge des Erziehungsexperten empfand ich ermutigend und tröstlich. Es hörte sich für mich so an, als ob noch alles gut werden könnte. Einen „Königsweg" aus diesen schwierigen Situationen konnte der Seminarleiter natürlich nicht aufzeigen. Ich kann mich nicht erinnern, dass jemand in diesen Seminaren den Tipp erhielt, einen Psychiater oder Psychologen zu Rate zu ziehen. Vielleicht wäre es möglich gewesen, eine sich anbahnende psychische Erkrankung zu erkennen und frühzeitig zu therapieren? Allerdings hätte ich nicht gewusst, wie ich meinen Sohn davon hätte überzeugen sollen. Dieses Problem besteht bis heute und ist in fast allen Familien mit einem psychisch Erkrankten ein schwieriges Thema.

Es dauerte nicht mehr lange, und Jens musste das Gymnasium verlassen.

Ein sehr freundlicher Realschulrektor erklärte sich bereit, meinen Sohn aufzunehmen, und ein paar Monate ging alles gut. Auf einem Elternabend wurde Jens sehr gelobt, und es hieß, er sei eine Bereicherung für die Klasse. Diesen Moment werde ich mein Leben lang nicht vergessen. Etwas Schöneres konnte ich mir nicht vorstellen, und ich sah Licht am Ende des Tunnels. Ich war überglücklich, aber leider sollte mein Glück nicht lange dauern.

In der Kinder- und Jugend-psychiatrie

Verstehen kann man das Leben nur rückwärts,
leben muss man es vorwärts.
(nach Sören Kierkegaard)

Ich spürte, wie mein Sohn mir immer mehr entglitt und sich immer weiter von mir entfernte. Er hielt sich an keine Vereinbarungen, und häufig wusste ich nicht, wo er sich gerade aufhielt. Oft fühlte ich mich hilflos und dachte darüber nach, an wen ich mich noch wenden könnte, um Rat und Hilfe zu erhalten. Ich redete immer wieder mit guten Freundinnen, anderen Müttern und Kolleginnen. Alle sprachen mir Mut zu und gingen davon aus, dass sich nach der Pubertät alles zum Besten wenden würde. Nach diesen Gesprächen ging es mir immer für kurze Zeit besser, aber eine Lösung war das natürlich nicht.

Ich fuhr jeden Morgen mit dem Rad zu meiner Arbeit und war froh über die Normalität, die dort herrschte. Bei mir zu Hause schien alles aus den Fugen zu geraten. Jens ging bald entweder gar nicht mehr oder viel zu spät in die Schule. Der positive Effekt des Schulwechsels war schnell vorbei.

Dann kam der Tag, an dem Jens nachmittags aufgeregt, fahrig und sehr unruhig nach Hause kam. Offenbar stand er unter starker Anspannung und war sehr nervös. Nur mit Mühe konnte ich ihn dazu bringen, sich hinzusetzten und mit mir zu reden. Er sagte Sätze wie: „Ich muss gleich wieder los. Sie sind wieder da und warten auf mich."

Wen Jens damit meinte, konnte ich nicht herausfinden. Auf meine Fragen murmelte er Unverständliches. Er schien mit den Augen etwas zu verfolgen, was ich nicht sah. Ich konnte ihn mit meinen Worten nicht mehr erreichen, und es war mir nicht möglich, ihn aufzuhalten. Jens verließ die Wohnung. Meine einzige Hoffnung war, dass er sich unterwegs auffällig verhalten würde, damit jemand die Polizei rief. Oder sollte ich das tun? Ich war verzweifelt, und mir war jetzt natürlich klar, dass dringend eine Behandlung erfolgen müsste.

Ich vermutete als Ursache Drogenkonsum, darüber hatte ich auch schon zuvor nachgedacht. An der Idee, die Polizei zu rufen, hatte ich Zweifel. Ich ging davon aus, dass mir die Beamten nicht glauben würden, und befürchtete, als überdrehte Mutter abgestempelt zu werden. Ich glaubte einfach nicht, die Beamten dazu bringen zu können, meinen Sohn zu suchen und in eine Klinik zu bringen. Mit dem Gefühl, jetzt aber doch endlich etwas erreichen zu müssen, rief ich Jens' Vater an. Ich teilte ihm meine Vermutung mit und sagte, dass Jens nach meiner Meinung in eine psychiatrische Klinik muss. Dafür bat ich ihn um seine Hilfe. Er war natürlich schockiert, aber in diesem Fall einmal meiner Meinung.

Jens' Vater kam zu mir, und wir hofften und warteten auf Jens Rückkehr. Lange diskutierten und verwarfen wir verschiedene Möglichkeiten. Wen verständigen? Wo anrufen? Oder uns selbst auf die Suche machen? Da mein Kontakt zu Jens ja schon länger sehr schlecht war, hatte ich keine Idee, wo er vielleicht zu finden sein könnte. Einig waren wir uns darüber, dass wir es schaffen müssten, Jens in die nicht weit entfernte Klinik für Kinder- und Jugendpsychiatrie zu bringen. Als wir schließlich entschlossen waren, es doch mit der Polizei zu versuchen, stand Jens plötzlich in der Tür. Sein Zustand hatte sich nicht gebessert. Aber zu zweit und mit viel Geduld und Überredungskünsten konnten wir erreichen, dass Jens mit uns im Auto in Richtung Klinik fuhr.

Jens' Vater fuhr den Wagen, und ich redete die ganze Fahrt ununterbrochen über irgendetwas, nur um Jens abzulenken. Als wir endlich auf dem Klinikparkplatz angekommen waren, weigerte Jens sich auszusteigen. Mir stockte der Atem. So kurz vorm Ziel und doch verloren? Das konnte doch nicht sein! Jetzt halfen auch keine Überredungskünste mehr. Jens stieg nicht aus. Er wollte zurückfahren. In meiner Not ging ich allein in die Klinik und ließ Jens mit seinem Vater im Auto. Ich wollte den diensthabenden Psychiater bitten, zu unserem Wagen zu kommen und mit Jens zu reden. Aber ein Patient muss in die Klinik kommen, die Möglichkeit eines Gespräches außerhalb des Hauses gäbe es grundsätzlich nicht, wurde mir gesagt. Für ein weiteres Gespräch stand niemand zur Verfügung. Mein Hinweis, dass es ein Notfall sei, brachte keinen Erfolg.

Ich machte mich auf den Rückweg zum Wagen, eine Mischung aus Wut und Verzweiflung hatte sich in mir angestaut. Aufgeben war für mich keine Option mehr, jetzt war ich schon so weit gekommen! Die „Verhandlungen" mit Jens gingen also weiter, und ich weiß nicht mehr, was es endlich war, dass Jens veranlasste, dann doch mit uns in den Aufnahmebereich der Klinik zu gehen. Jedenfalls haben wir es irgendwie geschafft.

Es folgte eine längere Wartezeit, unsere Nerven waren zum Zerreißen gespannt. Jens sagte alle paar Minuten: „Jetzt lass uns wieder losfahren! Was soll das eigentlich alles?"

Mir fielen immer andere Ausflüchte ein, weshalb wir noch nicht losfahren konnten. Erst musste ich noch einen Kaffee aus der Cafeteria holen, dann verschwand ich längere Zeit auf der Toilette, und danach suchte ich überall meine Schlüssel. Endlich kam der diensthabende Psychiater und sagte zu Jens, dass er in seinem Zimmer kurz mit ihm reden wolle. Zu unserer Erleichterung ging Jens mit, und wir warteten weiter. Endlich hatte ich das Gefühl, nicht mehr allein verantwortlich zu sein, aber ich war immer noch sehr aufgewühlt und nervös.

Schließlich kam der Arzt zurück, und wir erfuhren, dass Jens stationär in der Klinik bleiben musste. Wir hörten die schon zitierten Sätze: „Ihr Sohn hat psychotrope Substanzen genommen, oder er ist psychisch erkrankt. Wir wissen nicht, was in der Nacht noch passiert, und müssen ihn in jedem Fall auf der Überwachungsstation behalten. Am besten fahren Sie jetzt nach Hause und rufen morgen an."

Natürlich konnte zu diesem Zeitpunkt noch niemand ahnen, dass ihm ein sechs Monate dauernder Klinikaufenthalt bevorstand. Lange erste Wochen war Jens auf der geschlossenen Station untergebracht, da er sich sonst der Behandlung entzogen und selbst gefährdet hätte. Die Ärzte ließen keinen Zweifel daran, dass diese Maßnahme erforderlich war, und ich sah es genauso. Ich war überzeugt, dass Jens andernfalls keine Behandlung zulassen und sich wahrscheinlich sogar in Lebensgefahr bringen würde.

Ich besuchte Jens, so oft ich konnte, und suchte natürlich immer wieder das Gespräch mit den Ärzten. Da Jens mit 17 Jahren noch nicht volljährig war, durfte ich über die Behandlung und den Verlauf informiert werden. Meist drehten sich die Gespräche um die verschiedenen Medikamente, die ausprobiert wurden und deren Wirkung abgewartet werden musste. Auch Jens' Ablehnung von Therapieangeboten war immer wieder Thema. Die Mitpatient:innen auf der Station erschienen mir von

Anfang an leichter erkrankt und weniger beeinträchtigt als mein Sohn. Dies wurde mir bei einem Gespräch mit dem Psychiater bestätigt. Jens sei sehr schwer erkrankt, aber es würde alles versucht, ihm zu helfen.

Ich hoffte vergeblich auf schnelle Besserung. Nachdem alle Ergebnisse der Blutuntersuchungen eingetroffen waren und das Drogenscreening keinen Befund ergeben hatte, wurde die Diagnose schizophrene Psychose gestellt. Ich wusste, dass Jens zumindest Cannabis konsumiert hatte, möglicherweise auch andere Drogen. Es wunderte mich sehr, dass nichts nachgewiesen werden konnte. Die Ärzte blieben jedoch dabei und schlossen eine durch Drogen verursachte Psychose aus.

Die verschiedenen Medikamente in unterschiedlichen Dosierungen schienen nicht richtig zu helfen. Bei meinen ungeduldigen Nachfragen wurde mir erklärt, dass die Wirkung eines Medikamentes gegen Psychosen erst nach mehreren Wochen regelmäßiger Einnahme einsetzt und dass nicht jedes Medikament bei jedem erkrankten Menschen hilft.

Eine Woche nach der anderen verging, und ich hatte nicht den Eindruck, dass es mit Jens aufwärts ging. Schließlich sollte etwas Anderes erprobt werden. Ein neues Medikament war zu dieser Zeit gerade erst auf den Markt gekommen, und ich musste mit meiner Unterschrift bestätigen, dass Jens es bekommen durfte. Ich sah das neue Mittel als Rettungsanker. Die Liste der Nebenwirkungen war ähnlich wie bei den anderen Medikamenten, und die Ärzte empfahlen einen Versuch. Also war ich einverstanden und musste mich bis zur möglichen Wirkung erneut in Geduld fassen.

Die Besuche bei Jens blieben noch einige Zeit sehr bedrückend. Von Woche zu Woche wurde meine Hoffnung, dass es ihm doch endlich besser gehen müsste, enttäuscht. Es waren nun schon mehrere Monate vergangen. Jens litt immer noch unter Wahnvorstellungen, war sehr misstrauisch gegenüber allem, und seine Stimmung schwankte zwischen depressiv und aggressiv. An eine Mitarbeit bei der Therapie war weiterhin nicht zu denken.

Als Jens die Medikation ganz verweigerte, kam es sogar für einige Stunden zu einer Fixierung. Ich werde nie vergessen, wie entsetzlich es war, an Jens Bett zu sitzen, während er mit einem Bauchgurt und an drei Extremitäten fixiert war. Ein Schachbrett war die Rettung. Ich stellte es auf Jens Schoß und er konnte mit seiner freien Hand mit mir spielen. So verging die Zeit bis zum Ende der einige Stunden dauernden Fixierung etwas schneller. Ich rang die ganze Zeit um Fassung und ermahnte mich immer wieder, dass es jetzt darauf ankam, nicht zu weinen oder gar zusammenzubrechen.

Nach diesen Stunden, die für Jens und für mich furchtbar waren, verweigerte Jens die Medikation nicht mehr. Er wusste jetzt, dass angekündigte Maßnahmen auch durchgeführt werden, und wollte nicht noch einmal eine Fixierung erleben.

Mir steigen noch heute Tränen in die Augen, wenn ich an diese Zwangsmaßnahme denke. Aber niemand sah zu dem Zeitpunkt eine andere Möglichkeit. Das liegt über 20 Jahre zurück, und ich glaube nicht, dass es heute noch zu dieser Fixierung kommen würde. Die Psychiatrie hat sich in den letzten Jahren glücklicherweise erheblich weiterentwickelt. Leider müssen Fixierungen dennoch auch heute noch durchgeführt werden, aber die Situationen und Bedingungen sind andere.

Während dieses ersten Klinikaufenthaltes meines Sohnes lernte ich viel über Selbstfürsorge. Ich erinnerte mich, dass mir Bewegung in der Natur immer gutgetan hatte. So machte ich in dieser Zeit häufig Spaziergänge und Fahrradfahrten. Mit der Bewegung und der frischen klaren Luft wurde das Gefühl meiner Ohnmacht kleiner, und meine Kräfte kamen ein wenig zurück. An schönen Tagen verstärkte die Sonne meine positiven Gefühle und ließ mich daran glauben, dass alles wieder gut werden könnte. Aus meinem Küchenfenster beobachtete ich an einem wunderschönen Morgen ein Flugzeug, das in einem schmalen blauen Streifen zwischen weißen Wolken flog. Es wurde glitzernd von der Sonne angestrahlt. Ein wunderbares Bild, das mir wie ein Versprechen erschien. Ganz sicher würde ich irgendwann wieder einmal mitfliegen können und schöne Zeiten erleben.

Das Lesen war für mich eine zweite Möglichkeit, diese schwierige Lebenssituation zu bewältigen. Bücher ließen mich für einige Zeit in andere Welten abtauchen und meine Probleme vergessen. Auch Literatur über Psychiatrie las ich in dieser Zeit viel. Je mehr Wissen ich mir aneignete, desto sicherer fühlte ich mich in der Bewältigung dieser Krise.

Außerdem begann ich, eine Selbsthilfegruppe für Mütter psychisch erkrankter Kinder zu besuchen. Das Gefühl, mit diesem Problem nicht alleine zu sein, und das Verständnis der anderen Mütter war überwältigend und eine sehr große Hilfe. Ich trat einem Landesverband Angehöriger psychisch Erkrankter bei, dem ich heute noch angehöre. Im Austausch, bei Seminaren und auf Veranstaltungen lernte ich immer mehr dazu und war immer wieder dankbar für das Gefühl, mit meinen Sorgen und Nöten nicht allein zu sein und verstanden zu werden.

Von meinen Eltern gab es leider weniger Verständnis. Die erste Reaktion meiner Mutter war, dass wir „das" ja niemandem erzählen müssten. Das war leider eine sehr häufige Reaktion in der Generation meiner Eltern. Psychische Erkrankungen wurden als schwerer Makel gesehen, der möglichst verdeckt werden sollte. Eine Stigmatisierung, die noch lange nicht überwunden ist. Meine Erklärungsversuche über psychische Erkrankungen änderten damals nicht viel an der Einstellung meiner Eltern, und auch Jens' Vater war mit der Diagnose überfordert. Für mich aber war das Lernen über Psychiatrie die Rettung, und das Verständnis anderer Angehöriger wurde immer wichtiger für mich.

Ich besuchte Jens fast täglich, brachte kleine Leckereien mit und bemühte mich, gute Stimmung zu verbreiten. Vom Chefarzt der Kinder- und Jugendpsychiatrie wurde ich gefragt, wie lange ich das denn wohl durchhalten wollte. Ich hatte kein Verständnis für diese Frage, denn die täglichen Besuche waren für mich eine Beruhigung. Sie gaben mir das Gefühl, alles getan zu haben, was hilfreich sein könnte. Ich empfand die Besuche deshalb nicht als Belastung, sondern eher als Entlastung.

Nach diesen Besuchen bei Jens gönnte ich mir etwas, dass mir guttat: einen langen Spaziergang, eine Tasse Kaffee in schöner Umgebung oder ein langes Gespräch mit Freundinnen. Natürlich erforderte das neben meiner Arbeit ein gutes Zeitmanagement. Da Jens immer schon auf mich wartete, war ich überzeugt, das Richtige zu tun. Ich hoffte, die Entwicklung etwas positiv beeinflussen zu können.

Immer wieder hatte ich in dieser Zeit das Gefühl, aus dem normalen Leben katapultiert worden zu sein. Oft schaute ich, wenn ich unterwegs war, in Fenster oder Hauseingänge und dachte, dass überall dort Normalität mit den alltäglichen kleinen Problemen gelebt wird. Türkränze und blumige Vorgärten erschienen mir wie Symbole für Glück und Zufriedenheit. In den Gärten herumliegendes Spielzeug und vor der Tür stehende Schuhe ließen mich auf glückliche Familien schließen. Nur ich empfand kein solches Glück und kein normales Leben mehr, ich fühlte mich ausgeschlossen. Der Schmerz über den Verlust überwältigte mich trotz aller Bemühungen um mein seelisches Gleichgewicht erneut.

Mein Tiefpunkt war erreicht, als mich die Klinik nachts um drei Uhr anrief und mich um aktive Unterstützung bat. Mein Sohn sei nicht zu beruhigen. Natürlich machte ich mich sofort auf den Weg. Ich fand Jens in einer furchtbaren Verfassung vor. Er wirkte auf mich wie ein schwer verwundetes und leidendes Tier. Jens war sehr unruhig. Er hatte Wahnvorstellungen und wollte unbedingt, dass ich ihn mit nach Hause nehme. Ich forschte immer wieder in seinem Gesicht und seinen Augen, um herauszufinden, was in seinem Gehirn vor sich ging. Das gelang mir aber nicht, und ich fand keinen Zugang zu seiner Welt. So versuchte ich auch diesmal wieder, Jens mit Geschichten und Erzählungen aus der Vergangenheit abzulenken. Ich fragte ihn nach seiner Erinnerung zu früheren besonderen Erlebnissen, Urlauben und lustigen Begebenheiten. Als ich keine Ideen mehr hatte, versuchte ich, Jens mit Plänen für die Zeit nach der

Klinik abzulenken. Ich dachte dabei immer wieder an etwas, dass ich irgendwann gelesen hatte. In der Psyche eines Erkrankten soll es immer auch noch gesunde Anteile geben, so meinte ich mich zu erinnern. Ich versuchte also, einen gesunden Anteil in Jens zu erreichen, und hoffte, ein Thema zu finden, über das ein Gespräch möglich wäre. Die Stunden zogen sich endlos hin, aber auch diese schreckliche Nacht ging natürlich irgendwann zu Ende.

Der Chefarzt der Kinder- und Jugendpsychiatrie entschuldigte sich später bei mir. Der Nachtdienst sei überfordert gewesen, einen Fall wie Jens habe es in seiner Klinik zuvor noch nicht gegeben. Ich diskutierte mit ihm die mögliche Verlegung in eine andere Klinik mit mehr Erfahrungen, aber letztlich überwogen die Vorteile, die Behandlung hier fortzusetzen. Es kam nicht wieder vor, dass ich nachts angerufen wurde.

Nach einigen weiteren Wochen durfte Jens die Station stundenweise in Begleitung verlassen. Das neue Medikament brachte endlich die so lang ersehnte Besserung. In der folgenden Zeit fuhren Jens und ich häufig zum Burgeressen in der Nähe der Klinik. Andere Interessen hatte Jens nicht. Er war leicht reizbar, und ein Gespräch über seine Situation oder seine Erkrankung war nicht möglich. Ich war immer bemüht, Jens in guter Stimmung zu halten, solange wir zusammen waren. Manchmal konnte ich ihn zu einem gemeinsamen Besuch in einem Café der Klinik überreden. Einige der jungen Patient:innen organisierten mit Unterstützung der Therapeut:innen regelmäßige Kaffeenachmittage in einem Blockhaus auf dem Klinikgelände. Jens beobachtete bei jedem Besuch argwöhnisch die anderen Teilnehmer:innen und wollte nie lange bleiben. Meine Ziele, wie ein entspanntes Zusammensein und etwas Normalität, erreichten wir nicht.

Auf dem Klinikgelände wurden zwei Ziegen gehalten, deren zuverlässige Versorgung für einige Patient:innen Teil der Therapie war. Jens konnte sich jedoch mit den Tieren nicht anfreunden.

Bald darauf durfte Jens die Station nach Absprache allein verlassen. Er erledigte kleine Einkäufe für sich und andere oder machte kleine Spaziergänge. Endlich ging es ein wenig voran in Richtung Normalität. Es folgten einzelne Tage Beurlaubung aus der Klinik und danach auch „freie Wochenenden", die Jens mit mir verbrachte.

Meine größte Sorge war, dass Jens nicht mehr bereit sein würde, zurück in die Klinik zu gehen. Das geschah zum Glück nicht. Jens achtete sogar selbst darauf, pünktlich zur vereinbarten Zeit wieder auf der Station zu sein. Der Grund lag darin, dass Jens hoffte, durch die Einhaltung aller Absprachen aus der stationären Behandlung entlassen zu werden.

Irgendwann ging die lange Zeit in der Klinik schließlich zu Ende, und Jens kam mit einer Medikationsempfehlung zu mir nach Hause.

Eine Schulpflicht bestand für Jens nicht mehr, da er mit der Versetzung in die 10. Klasse der Realschule den Hauptschulabschluss besaß. Durch familiäre Beziehungen seines Großvaters bekam Jens einen Ausbildungsplatz zum Groß- und Außenhandelskaufmann. Ich empfand dies als eine große Chance auf Normalität und atmete auf.

Die verordneten Medikamente hatten als Nebenwirkung eine starke Gewichtszunahme zur Folge, und Jens fühlte sich insgesamt beeinträchtigt. Nach einigen Monaten kam der Tag, an dem Jens trotz aller Argumente und trotz guten Zuredens nicht mehr bereit war, seine Medikamente einzunehmen. Niemand konnte mir in dieser Not helfen, und mein uneinsichtiger Sohn wollte keine Hilfe. Es dauerte nicht lange, bis sich das Desinteresse und die alten Probleme nach und nach wieder bei ihm einstellten. In der Folge verlor Jens den Ausbildungsplatz wegen Unzuverlässigkeit und fehlenden Leistungswillens.

Ich unternahm einen verzweifelten Versuch und meldete Jens in einer Privatschule an. Vielleicht würde ihm eine andere Umgebung guttun, und vielleicht würde er dort mit ein wenig Glück sogar Freunde finden. Aber meine Hoffnung auf einen höheren Bildungsabschluss erfüllte sich nicht. Schon nach einigen Monaten musste Jens die

Schule wieder verlassen. Jens fehlte der Leistungswille, und er störte ständig den Unterrichtsablauf.

Kann er/sie nicht? Oder will er/sie nicht? Das sind häufig gestellte Fragen bei psychischen Erkrankungen. Für mich waren diese Fragen nicht entscheidend, sondern vielmehr die Tatsache, dass einfach nichts gelang. Häufig fühlte ich mich erschöpft und verzweifelt.

Jens versuchte sich anschließend eine Zeit lang in einigen kleinen Nebentätigkeiten: bei einem Zeitungsverlag, in einer Baumschule und in einem Getränkecenter. Er war volljährig geworden, und unser Zusammenleben wurde für mich immer unerträglicher. Jens verhielt sich arrogant und überheblich, sein Zimmer war ständig vermüllt. Wenn ich um Unterstützung im Haushalt bat oder sie einforderte, erntete ich freche und ablehnende Antworten. Nicht einmal zu kleinen Spaziergängen mit dem Hund war Jens bereit. Wo er sich in seiner Freizeit außerhalb der Wohnung aufhielt, war mir ein Rätsel. Der Schmerz in meiner Seele blieb in dieser Zeit mein ständiger Begleiter.

Eine ambulante Behandlung bei einem Facharzt oder therapeutische Hilfen lehnte Jens kategorisch ab, und niemand konnte ihn in dieser Frage beeinflussen. Inwieweit sein Verhalten noch Folge der psychotischen Krise war oder andere Gründe hatte, war für mich zu der Zeit unklar. Meine ständigen Ermahnungen und Angebote für ambulante Therapien trugen aus seiner Sicht dazu bei, dass auch für Jens das Zusammenleben immer unerträglicher wurde. Der sonst fehlende Wille, etwas zu erreichen, war plötzlich vorhanden. Jens schaffte es, über eine Wohnungsbaugesellschaft mit dem Wohnberechtigungsschein eine Einzimmerwohnung zu bekommen. Das gelang ihm, weil er seine Probleme für eine begrenzte Zeit, wie zum Beispiel in einem kürzeren Gespräch, immer verstecken konnte. Er machte dann einen guten und sympathischen ersten Eindruck. Niemand konnte etwas von seinen Problemen ahnen.

Ich war froh über die Initiative von Jens und diese Lösung, zumal mir Therapeuten, mit denen ich inzwischen gesprochen hatte, eine räumliche Trennung empfohlen hatten. Bei der Suche nach einer Wohnmöglichkeit für Jens hatte ich schon zuvor von einem Betreuer in einer therapeutischen Wohngemeinschaft gehört: „Es gibt Menschen, die müssen erstmal in der Gosse liegen, bevor sie selbst etwas tun. Brechen Sie den Kontakt zu Ihrem Sohn am besten ab." Ich fand es erschreckend und furchtbar, dies von einer Fachperson zu hören. War denn überhaupt keine Hilfe zu erwarten? Es mag Mütter geben, die das tun und mit der Entscheidung leben können, aber für mich war und ist das undenkbar. Mit einem Platz in einer Wohngemeinschaft wurde es nichts, und seine eigene Wohnung blieb die letzte Möglichkeit, um einen räumlichen Abstand zwischen uns zu schaffen.

Jens zog also aus. Er erhielt von mir eine Einrichtungserstausstattung. Unser Kontakt beschränkte sich bald auf das Wäschewaschen durch mich, das ich die ersten Jahre übernahm. Darüber musste ich mir oft Kritik anhören, aber für mich war es die einzige Möglichkeit, den Kontakt zu ihm aufrechtzuerhalten und zu sehen, in welcher Verfassung sich mein Sohn befand. Er ging nun endgültig seine eigenen Wege, über die ich nichts von ihm erfuhr.

Mit der staatlichen Unterstützung und einem kleinen Taschengeld von mir kam Jens zurecht. Das Arbeitsamt verlangte das regelmäßige Schreiben von Bewerbungen, aber Jens war keine Arbeit recht. Er wusste sich so zu verhalten, dass er keinen Job und keinen neuen Ausbildungsplatz bekam. Jens überschätzte sich und sein Können in hohem Maße. Nichts und niemand konnte seinen Ansprüchen genügen. Stets sah Jens die Ursache und die Schuld an seinen Problemen bei den anderen Menschen. Er glaubte, alles zu wissen und alles besser zu können als jeder andere Mensch.

Ich selbst fühlte mich durch die räumliche Trennung trotz dieser Umstände bald besser und bemühte mich sehr, auch innerlich Distanz zu gewinnen. Hilfreich für mich war dabei das Wissen, dass Jens jetzt volljährig war und ich keinen Einfluss mehr nehmen konnte. Bei möglichen Behandlungen würde ich wahrscheinlich nicht einmal mehr informiert werden.

Gehen Sie lieber nicht allein

„Es gibt nur zwei Tage im Jahr,
an denen man nichts tun kann:
der eine ist gestern, der andere morgen.
(Dalai Lama)

Es war weiterhin für mich schwierig, Jens zu erreichen. Häufig ging er nicht an das Telefon, oder sein Handy war abgestellt. Auf Rückrufbitten reagierte er selten. Er meldete sich nur, wenn er etwas brauchte.

Ich musste mit ansehen, dass Jens Wohnung immer mehr verdreckte und vermüllte. Jens selbst war im Gegensatz dazu sehr gepflegt. Hilfs- und Unterstützungsangebote seine Wohnung betreffend lehnte er kategorisch ab. Bei meinen kurzen Besuchen ließ er mich bald nur noch bis in seinen kleinen Flur.

Ich wendete mich an den sozialpsychiatrischen Dienst und schilderte die Situation. Die erste Frage an mich war, ob denn schon Ungeziefer in der Wohnung sei. Ich war fassungslos und befürchtete, dass es noch nicht schlimm genug sein könnte, um Hilfe zu bekommen. Aber eine Mitarbeiterin des Dienstes meldete sich doch einige Zeit später bei meinem Sohn an. Leider blieb es bei einem ersten kurzen Gespräch, denn mein Sohn lehnte es ab, nochmals jemanden in seine Wohnung zu lassen.

Externe Hilfe wäre grundsätzlich möglich gewesen, aber wie viele psychisch Erkrankte ließ mein Sohn keine zu. Weitere Versuche des sozialpsychiatrischen Dienstes, mit Jens in Kontakt zu kommen, gab es wegen fehlender Ressourcen des Dienstes nicht. Auch andere Möglichkeiten konnte ich nicht ausfindig machen.

Ich war ständig in Sorge und dachte viel darüber nach, wie es im Leben von Jens wohl weitergehen würde. Gleichzeitig bemühte ich mich, meine immer wiederkehrenden Gedankenschleifen zu stoppen. Ich las Ratgeber und versuchte, die endlich eingekehrte Ruhe und den Frieden zu Hause zu genießen. Und ich genoss Kurzreisen, denn in den letzten Jahren des Zusammenlebens mit Jens war ich nie über Nacht weggeblieben. Von anderen Eltern hatte ich gehört, dass während ihrer Abwesenheit wilde Partys in ihren Häusern stattfanden. Deshalb hatte ich immer befürchtet, dass Jens meine Abwesenheit ebenso ausnützen würde.

Nachdem Jens eine ungewöhnlich lange Zeit nicht erreichbar gewesen war und ich schon Schlimmes befürchtete, erhielt ich einen Anruf aus der Psychiatrischen Klinik. Mir wurde mitgeteilt, dass Jens aufgenommen worden war und ich bitte Waschzeug und Kleidung vorbeibringen möchte. Weitere Informationen erhielt ich mit dem Hinweis auf den Datenschutz nicht. Diesmal musste ich nicht zur Kinder- und Jugendklinik, sondern in die

Erwachsenenpsychiatrie. Da ich keinen Schlüssel von Jens Wohnung besaß, suchte ich bei mir schnell ein paar Waschsachen zusammen und fuhr zu ihm.

Eine Erwachsenenpsychiatrie mit geschlossener Abteilung war für mich etwas Neues. Ich klingelte an der Stationstür und blickte angstvoll durch die Scheibe auf den Flur. Das Herz schlug mir bis zum Hals, aber ich versuchte, ruhig stehen zu bleiben. Was würde wohl gleich auf mich zukommen? Meine Phantasie ging mit mir durch. Ich wartete, während mir schreckliche Szenarien durch den Kopf gingen.

Es passierte zunächst nichts. Durch die Glasscheibe sah ich Personal und Patient:innen hin und her gehen, aber niemand kam zur Stationstür. Erst nach langem Warten und nach dem dritten Klingeln, für das ich meinen ganzen Mut zusammennehmen musste, kam eine Mitarbeiterin und öffnete die Tür. Ich sagte, wer ich bin und dass ich ein paar Sachen für meinen Sohn bringe. Daraufhin durfte ich die Station betreten, musste aber gleich meine Tasche zur Kontrolle abgeben. Mir wurde erklärt, dass möglicherweise gefährliche Gegenstände wie Nagelscheren oder Rasierzeug im Dienstzimmer verwahrt werden müssten. Offenbar konnte auch Angehörigen nicht vertraut werden. Die Durchsuchung meiner Tasche durch das Personal empfand ich als demütigend, aber ich sah die Notwendigkeit ein.

Mein Sohn lag in einem Überwachungszimmer, das sich gleich neben dem Dienstzimmer des Personals befand und durch ein Fenster von dort einsehbar war. Das Zimmer war völlig kahl, nur ein Bett war vorhanden. Eine Schwester öffnete die Tür und forderte mich auf, zu klopfen, wenn ich das Zimmer wieder verlassen möchte. Die Tür fiel hinter mir zu, und ich brachte nur ein sehr leises und schwaches „Hallo!" in Richtung meines Sohnes heraus. Jens begann sofort laut über das Stationspersonal zu schimpfen und sich zu beklagen. Er war für meine Fragen nicht erreichbar. Auch die einfachsten Dinge beantwortete Jens nicht. An ein Gespräch war nicht zu denken. Jens machte einen destruktiven und aggressiven Eindruck. Ich war darüber entsetzt und fühlte mich hilflos. Als ich nach kurzer Zeit wieder hinausgebeten wurde, war ich erleichtert. Die Schwester erklärte mir, dass Jens jetzt viel Ruhe und Reizabschirmung bräuchte. Das war auch die Erklärung für das kahle Zimmer. Längere Besuche seien jetzt noch nicht sinnvoll, in wenigen Tagen würde Jens aber voraussichtlich in ein normales Patientenzimmer verlegt werden. Ich wollte unbedingt etwas Sinnvolles und Hilfreiches tun und fragte nach dem Wohnungsschlüssel, um Kleidung besorgen zu können. Die knappe Antwort war, dass die Schlüssel vermutlich bei der Polizei seien. Weitere Auskünfte über die Umstände der Einlieferung dürften mir nicht gegeben werden und ich wurde wieder hinausbegleitet. Fassungslos und ratlos stand ich noch eine ganze Weile vor der Stationstür.

Als ich mich auf den Rückweg zum Parkplatz machte, kam ich an der Cafeteria des Krankenhauses vorbei. Spontan ging ich hinein, holte mir einen Kaffee und suchte einen ruhigen Platz. Dann rief ich Jens' Vater an und erzählte ihm alles ausführlich. Natürlich war er entsetzt und wusste keinen Rat, aber das Gespräch und der Kaffee taten mir gut. Ich konnte meine Gedanken wieder etwas ordnen und begann, mir selbst Mut zuzusprechen. Ich wollte die Situation meistern. So entschloss ich mich, zuerst wegen der Schlüssel zum Polizeirevier zu fahren. Meine Absicht war, Jens am nächsten Tag mit frischer Wäsche wieder zu besuchen. Vielleicht würde es ihm dann schon besser gehen. Wie war er nur in die Klinik gekommen? Was mochte passiert sein?

Im Polizeirevier angekommen stand ich vor einem Tresen und erklärte einer jungen Polizistin mein Anliegen. Ich wurde daraufhin zu einem Kollegen in dessen Büro gebeten. Mir war das alles sehr peinlich, und ich fragte mich, warum ich nicht einfach die Schlüssel bekommen könnte. Der Beamte erkundigte sich nach der Vorgeschichte meines Sohnes und gab mir nach meinem Bericht den Rat: „Gehen Sie nicht allein in die Wohnung. Es sieht dort sehr schlimm aus. Nehmen Sie unbedingt jemanden mit!" Mit diesen Worten erhielt ich endlich die Schlüssel. Ich stellte keine weiteren

Fragen und war froh, dem Polizeirevier wieder zu entkommen. Den Rat des Beamten ignorierte ich, denn wie es in der Wohnung aussah, war mir ja bekannt. Dachte ich.

Ich fuhr allein zu der Wohnung meines Sohnes und hoffte, von keinem Nachbarn gesehen und angesprochen zu werden. Auf keinen Fall wollte ich irgendwelche Fragen beantworten. Möglichst geräuschlos schloss ich die Haustür auf. Ich schlich die Treppe in den ersten Stock hinauf und öffnete seine Wohnungstür. Mir stockte der Atem. Ein übler Geruch drang aus der Wohnung. Der Flur war so vermüllt, dass ich nur mit Mühe hineinkam. Ich hielt mir meinen Schal vor die Nase und zog schnell die Tür hinter mir zu. Meine Knie wurden weich und ich wünschte mir sehnlichst, nur in einem Alptraum zu sein. Aber es war real. Ein angstvoller Blick ins Wohnzimmer zeigte, dass der Geruch nicht nur vom Müll verursacht wurde, sondern auch von blutiger Kleidung, die dort lag. Was konnte nur passiert sein? Ich wagte einen Blick in das Bad und einen in die Küche. Schmutz und Dreck waren unbeschreiblich. Die gesamte Wohnung war aus Sicht eines gesunden Menschen unbewohnbar. Hier sollte mein Sohn gehaust haben? Unvorstellbar! Aber ich sah es mit meinen eigenen Augen und musste diese Wahrheit aushalten. Mit letzter Kraft sammelte ich etwas Kleidung ein, die ich zu Hause waschen musste. Länger hielt ich es nicht aus. Ich wollte nur noch raus und weg von diesem Ort.

Als ich im Hausflur war, öffnete eine Nachbarin die Tür und fragte, ob ich Jens Mutter sei. Ich nickte stumm und erfuhr, was geschehen war. Jens hatte längere Zeit am offenen Fenster gestanden und einen stark blutenden Arm hinausgestreckt. Nachbarn, die das beobachteten, hatten die Polizei angerufen und kurz danach war auch ein Krankenwagen gekommen. Die Nachbarin sagte, dass Jens doch eigentlich ein lieber Junge sei und wunderte sich sehr, was wohl mit ihm los sei. Ich schaffte es noch, mich höflich zu bedanken und zu sagen, dass ich auch nicht wüsste, was los sei. Dann stürzte ich endlich hinaus und atmete die frische klare Luft ganz tief ein.

Viel später erfuhr ich von Jens, dass er sich wohl unabsichtlich mit einem Küchenmesser verletzt hatte und der Meinung gewesen war, seinen Arm kühlen zu müssen. Jedenfalls ist das seine Version. Jens' Reaktion lässt sich mit der psychischen Krise erklären, in der er sich seit einiger Zeit befunden hatte. Glücklicherweise hatte Jens sich nicht schwerer verletzt. Und es gab immerhin etwas Gutes: Es kam zu einer erneuten Behandlung seiner Psychose.

In den nächsten Wochen besuchte ich Jens wieder regelmäßig in der Klinik. Es ging ihm schneller besser als bei seiner ersten Behandlung. Die Medikation zeigte bald Wirkung, und Jens wusste, dass er nur dann mit einer Entlassung rechnen konnte, wenn er bereit war, die

Medikamente weiterhin zu nehmen. Er tat das also und fügte sich in den Stationsbetrieb ein. Jens nahm an verschiedenen Gruppen teil, erhielt auch Einzelgespräche und Ergotherapie.

Eine gute Freundin half mir sehr bei der Reinigung und Renovierung seiner Wohnung. Sie war belastbar genug, um gemeinsam mit mir immer wieder mehrere Stunden in der Wohnung zu putzen. Wir schleppten unzählige Müllsäcke über die Treppe nach draußen. In der Küche und im Bad mussten wir die Putzmittel über Nacht einwirken lassen, damit der Schmutz sich überhaupt löste. Ich bin meiner Freundin heute noch für ihre Unterstützung dankbar. Allein hätte ich das niemals geschafft. Zu den nötigen Renovierungen trug Jens' Vater seinen Teil bei. Aus dem Bekannten- und Freundeskreis erhielten wir einige Möbelstücke, und so gelang es uns, die Wohnung wieder bewohnbar zu machen.

Wie schon bei seiner Behandlung in der Kinder- und Jugendpsychiatrie holte ich Jens bald wieder zu kleinen Ausflügen ab. Er musste sich jedes Mal auf der Station abmelden und sich an die vorgegebenen Zeiten für die Rückkehr halten. Ich war zuerst sehr erstaunt, dass Jens diese und andere Regeln ohne Widerspruch befolgte, aber er wollte natürlich schnell wieder entlassen werden. Ich bin fest davon überzeugt, dass Jens die Notwendigkeit seiner Behandlung nie eingesehen hat und nicht verstand, wie krank er ist.

Im Entlassungsbericht der Klinik lautete der psychopathologische Befund: „Realitätssicher, dabei größenhaft und mit Verleugnungstendenz seiner Krankheit gegenüber."

Ich bin zudem sehr sicher, dass Jens mit den Therapeuten nicht offen und ehrlich über das Stimmenhören und andere Symptome gesprochen hat. Er hat eine sehr gute Begabung, sich zu verstellen. Sein Wohlverhalten war taktisch und hatte nur das Ziel, bald wieder nach Hause zu können. Manchmal warf Jens mir vor, dass ich schuld an seinen beiden Krankenhausaufenthalten sei. Schließlich hätte ich ihn beim ersten Mal in die Kinder- und Jugendpsychiatrie gebracht.

Ich selbst machte mir ganz andere Gedanken. Vielleicht wäre alles leichter verlaufen und besser geworden, wenn ich Jens frühzeitiger zu einer Behandlung gebracht hätte? Vielleicht hätte ich wirklich autoritärer sein und mich besser durchsetzen müssen? Andererseits war ich mir sicher, alles, was mir möglich war, versucht zu haben. Als mir wirklich klar wurde, dass Jens dringend psychiatrisch behandelt werden musste, war er schon fast volljährig und hatte sich mir bereits völlig entzogen. Ich glaube allerdings, dass eine viel früher einsetzende Behandlung in der Kindheit mehr Chancen auf Erfolg gehabt hätte. Die Möglichkeiten der Früherkennung sind seitdem sehr viel besser geworden, und mit psychischen Problemen wird heute viel offener umgegangen.

Ich möchte alle Angehörigen, die sich in ähnlichen Situationen befinden oder befanden, ganz klar sagen, dass sie keine Schuld empfinden sollten! Machen Sie sich bitte keine Vorwürfe wegen vermeintlich verpasster Gelegenheiten, Fehleinschätzungen oder möglicherweise falschen Entscheidungen. Es gibt unterschiedliche Ursachen, von denen meist mehrere zusammenkommen müssen, bis eine psychische Erkrankung auftritt. Angehörige zählen in der Regel nicht dazu!

Waschen und Trocknen

*Die schwierigste Zeit in unserem Leben
ist die beste Gelegenheit,
innere Stärke zu entwickeln.*
(Dalai Lama)

Nach der Klinikentlassung nahm Jens sein altes Leben wieder auf. Es änderte sich nichts. Allen Versuchen der Klinik, ihm eine ambulante Betreuung und weitere Therapien zu vermitteln, hatte Jens sich widersetzt. Es war vorhersehbar, dass er die begonnene Medikation nicht weiter nehmen würde, darüber machte ich mir keine Illusionen. Ich hatte gelernt, dass psychotische Episoden bei jeder Form von Stress, aber auch ohne Anlass auftreten können. Trotzdem gab ich meine Hoffnung, dass keine weiteren Krisen eintreten würden, nie ganz auf. Schließlich haben Ärzte nicht immer recht. Und warum sollte mein Sohn nicht zu den Patienten gehören, bei denen es besser läuft? Für mich hieß es aber jetzt erst einmal wieder „waschen und trocknen", und ich war regelmäßig mit Jens Wäsche im Wagen unterwegs.

Das Positive in dieser Zeit war eine Betreuerin, die Jens zur Seite gestellt worden war. Ich entwickelte einen guten Kontakt zu ihr und hatte das Gefühl, jetzt jemanden an meiner Seite zu haben. Im Angehörigenverband und in der Selbsthilfegruppe höre ich immer wieder Klagen über untätige und nicht erreichbare Betreuerinnen und Betreuer. In unserem Fall hatte ich — und vor allem natürlich Jens — Glück. Immer wieder versuchte die Betreuerin, Jens eine Tätigkeit zu vermitteln. Als er den Wunsch äußerte, Schornsteinfeger zu werden, vermittelte sie ihm tatsächlich eine Lehrstelle. Ich war sehr überrascht und erfreut, dass die Betreuerin ein so großes und gutes Netzwerk hatte. Ihr Engagement ließ mich staunen und sehr dankbar sein. Meine Seele machte einen Freudensprung bei der Aussicht auf ein wenig Normalität.

Es war die zweite berufliche Chance für meinen Sohn. Aber schon nach wenigen Monaten verlor er wieder seinen Ausbildungsplatz. Er war unzuverlässig und benahm sich den Kunden gegenüber überheblich, sodass er das Probehalbjahr nicht überstand.

Jens bekam kurze Zeit später eine dritte Möglichkeit, einen Beruf zu erlernen. Seine Betreuerin hatte sich erneut bemüht, und Jens erhielt im Rahmen einer Rehabilitation einen Platz beim Berufsförderungswerk zur Ausbildung als Industriekaufmann. Mir erschien es wie ein Wunder, dass Jens dies nicht ablehnte. Ich hatte Jens mehrmals zu Gesprächen mit seiner Betreuerin gefahren und glaubte, dass sie eine gute Beziehung zu ihm aufgebaut hätte. Während der Gespräche habe ich immer Spaziergänge gemacht. Ich war der Meinung, dass es besser sei, wenn ich mich zurücknehme. Neue Ideen oder Vorschläge würden bei Jens vielleicht mehr Erfolg haben, wenn sie nicht von mir kämen. Offensichtlich hatte ich mit dieser Vermutung recht, und vermutlich hätte die Betreuerin mich sowieso gebeten, nicht dabei zu sein.

Mit der besonderen Unterstützung des Berufsförderungswerkes hielt Jens trotz vieler Schwierigkeiten bis zum Berufsabschluss durch. Mehrmals musste ich ihm allerdings helfen, zeitnah eine Krankschreibung zu bekommen. Und immer wieder musste ich mir seine ständigen Tiraden über die unfähigen Dozenten anhören. Ich war froh, dass die Ausbildung trotz aller Probleme weiterlief und Jens nicht rausgeworfen wurde.

Jens lernte in dieser Zeit eine junge Frau kennen, die bis zum Ausbildungsende seine Freundin blieb. Ich gehe davon aus, dass diese Beziehung einen großen Anteil daran hatte, dass Jens die Ausbildung abschließen konnte. Als Jens dann aber eine gemeinsame Wohnung mit der Freundin ablehnte, ging die Beziehung zu Ende. Im Rückblick waren die Jahre während dieser Ausbildung eine der besseren Zeiten im Leben von Jens.

Nach dem Berufsabschluss folgten einige Arbeitsamt-Maßnahmen, wie Bewerbungstrainings und Praktika. Leider führte nichts davon zu einem Job. Jens war mit Pünktlichkeit überfordert. Häufig ließ er sich krankschreiben, um einen Kursus nicht fortsetzen zu müssen. Hier fehlte ihm der unterstützende Rahmen des Berufsförderungs-werkes, und sicher war auch die Trennung von seiner Freundin eine große Belastung für Jens.

Eines der Praktika beendete Jens mit einem guten Zeugnis. Zu einer Anstellung führte dies aber nicht. Die Betreuerin lud Jens erneut zu Gesprächen ein und versuchte jetzt, ihm eine Tätigkeit auf dem zweiten Arbeitsmarkt zu vermitteln. Aber Jens wehrte sich gegen alles. Er hatte völlig überhöhte Vorstellungen von seiner Zukunft. Mir schien, dass er wieder ganz und gar in seine alten Verhaltensweisen und damit in sein früheres Leben zurückfiel.

Trotz der großen Probleme mit Jens lernte ich einen neuen Partner kennen, der sehr viel Verständnis für die Erkrankung meines Sohnes hatte. Mit seiner Unterstützung und empathischen Hilfe lernte ich noch besser, auf meine persönlichen Grenzen zu achten und mich nicht zu überfordern.

Natürlich tat ich weiterhin alles für Jens, was mir möglich war. Aber ich machte mir auch immer wieder bewusst, dass Jens sein eigenes Leben hat und ich vorrangig mein Leben gestalten muss. Meine Termine, Verabredungen und Urlaube verschiebe ich seitdem auch dann nicht mehr, wenn ich meine, dass es Jens schlechter geht. In Notfällen ist Jens' Vater erreichbar, und ich habe gelernt, dass es zumindest eine Zeitlang auch ohne mich geht.

Wir konnten nichts machen

Es ist noch lange nicht zu Ende,
die Umstände werden sich bessern.
(Dalai Lama)

Ich saß auf einer Bank vor einem ambulanten Operationszentrum und wartete auf meinen Lebenspartner, der an diesem Tag hier operiert wurde. Mein Sohn rief an: „Hier ist alles kaputt. Ich weiß nicht mehr weiter."

Noch bevor ich Jens etwas fragen konnte, legte er wieder auf und nahm danach keinen Anruf mehr an. Ich fühlte Panik in mir aufsteigen. Auf keinen Fall konnte ich in den nächsten Stunden zu Jens fahren, denn mein Partner musste nach einer Kurznarkose nach Hause begleitet und betreut werden. Ich telefonierte mit Jens' Vater, der es aber auch nicht möglich machen konnte, zu Jens zu fahren. Meine beste Freundin erreichte ich nicht. Und erneute Versuche, Jens anzurufen, scheiterten.

Ich machte mir große Sorgen, dass Jens sich etwas antun könnte und empfand es in dieser Situation als richtig, das Polizeirevier anzurufen. Ein sehr verständnisvoller Beamter hörte sich meine Schilderung der Situation an und stellte einige Fragen. Als ich die Befürchtung, dass mein Sohn sich etwas antun könnte, noch einmal wiederholte, versprach er, zwei Kollegen zu Jens zu schicken. Ich war sehr erleichtert, das erreicht zu haben, und nahm mir vor, so bald wie möglich erneut anzurufen, um etwas mehr zu erfahren. Zuerst musste ich mich aber um meinen Partner kümmern, bei dem zum Glück alles gut verlief. Ein weiteres Problem hätte ich kaum verkraftet.

Bei meinem zweiten Anruf in der Polizeistation erfuhr ich, dass zwei Beamte bei Jens gewesen waren. „Ihr Sohn hat uns die Tür geöffnet und uns reingelassen. In der Wohnung ist einiges zu Bruch gegangen", hörte ich den Polizisten sagen. „Wir konnten aber keine akute Selbst- oder Fremdgefährdung feststellen. Deshalb konnten wir auch nichts machen."

Ich war sehr dankbar, dass die Polizisten mir aus dieser angstvollen Situation geholfen hatten. Abends war Jens endlich wieder erreichbar und hatte sich etwas beruhigt. Er erzählte mir, dass er in der Nacht einen Wutanfall gehabt hatte. Einen genauen Grund konnte oder wollte er mir nicht sagen. Jens erzählte mir von dem Besuch der Polizei, die Beamten fand er nett, und er war offenbar stolz darauf, dass er wieder jegliche Hilfe abgelehnt hatte.

Nach Jens Wutanfall, der sich durch Gewalt an den Möbeln in seiner Wohnung ausdrückte, mussten sein Tisch und sein Schrank ersetzt werden. Die Möbel suchte sich Jens im Sozialkaufhaus aus. Den zerschlagenen Laptop ersetzte ich. Jens benötigte ihn, um den Bewerbungsaufforderungen des Jobcenters nachzukommen und das Internet war für ihn eine wichtige Verbindung zur Außenwelt und ein Zeitvertreib. Ich wusste außerdem, dass Jens fast täglich Sport im Fitnesscenter trieb und sich intensiv mit Ernährungsfragen beschäftigte, aber trotzdem blieb natürlich noch viel freie Zeit. Was Jens in dieser Zeit tat, erfuhr ich nicht. Interesse an Familienbesuchen bei den Großeltern oder an anderen Aktivitäten hatte er nicht. Eine Partnerin suchte Jens auch nicht. Auf meine Fragen nach einer neuen Freundin antwortete er mir, dass ihm Frauen zu anstrengend seien.

Zugang zu seiner Wohnung gewährte Jens mir weiterhin nicht. Nach dem geschilderten Vorfall mit den Schäden in Jens' Wohnung kontaktierte ich ein zweites Mal den Sozialpsychiatrischen Dienst und bat um einen Besuch bei meinem Sohn. Ich wusste, dass Jens wahrscheinlich wieder keine Hilfe zulassen würde, wollte aber unbedingt etwas tun und sah den Sozialpsychiatrischen Dienst als letztmöglichen Rettungsanker. So hoffte ich, dass es diesmal, vielleicht durch einen anderen Mitarbeiter, zu einem besseren Kontakt kommen würde. Doch es blieb leider wieder nur bei einem einzigen Besuch. Jens ließ die Mitarbeiterinnen des Dienstes in seine Wohnung, lehnte aber jeden weiteren Termin und die angebotene Hilfe in der Haushaltsführung erneut ab. Wieder hörte ich den Satz: „Wir konnten nichts machen."

Die Wäsche blieb lange Zeit der einzige Anlass für kurze persönliche Begegnungen zwischen Jens und mir. Alle Versuche, ein Gespräch über die Zukunft zu führen, blockte Jens ab. Immer wieder bot ich ihm an, die Kosten für eine Fortbildung, ein Seminar oder Kurse je nach seinem Interesse zu übernehmen. Ich brachte mit der Wäsche entsprechende Flyer und Angebote mit – ohne Erfolg. Mehrfach versuchte ich, Jens zu einer Trainerausbildung im Sport zu überreden und sein altes Interesse am Basketball wieder zu wecken. Doch auch das gelang zu meinem großen Bedauern nicht. Für eine ehrenamtliche Tätigkeit, die seinem Leben etwas Sinn und Struktur geben könnte, war er ebenfalls nicht zu haben. In meinen Augen gab es so viele Möglichkeiten, aber ich hatte eben den Blickwinkel eines gesunden Menschen.

Gleichzeitig bemühte ich mich, mein privates und berufliches Leben weiterhin möglichst unabhängig von meinem „Jens-Problem" zu führen. Dem Angehörigenverband und der Selbsthilfe blieb ich treu und lernte immer mehr über Psychosen, Psychiatrie im Allgemeinen und über den Umgang mit psychisch erkrankten Menschen. Ich plante feste Zeiten ein, um mich mit den Problemen zu beschäftigen, damit ich in der übrigen Zeit möglichst frei davon sein konnte. Ich lernte auch, mit Anderen und Unbeteiligten ganz offen darüber zu sprechen, dass ich einen psychisch erkrankten Sohn habe. Diese Offenheit und der regelmäßige

Kontakt zu anderen „Schicksalsgenossen" taten mir gut.

Was aber immer blieb, war der Schmerz in meiner Seele. Wenn ich den Eindruck hatte, dass es Jens den Umständen entsprechend ganz gut ging, fühlte ich mich besser. Hatte ich das Gefühl, es würde Jens nicht gut gehen, wurde ich nicht müde, immer wieder nach irgendeiner Möglichkeit zu suchen, um ihm helfen zu können. Oft lag ich nachts wach, überlegte hin und her. Erst wenn ich glaubte, einen neuen guten Einfall zu haben, schlief ich ein. Meistens stellten sich dann aber die vermeintlich guten Einfälle am nächsten Morgen als unrealistisch heraus.

Ich weiß, dass es vielen Angehörigen so ergeht. Wir möchten helfen und suchen immer wieder nach neuen Wegen. Oft möchten wir mehr tun, als möglich ist. Das Wichtigste ist aber, dass wir uns selbst nicht vergessen. Wir müssen unsere Kraft und Stärke erhalten, damit wir einen langen Atem haben und den Erkrankten auch in Zukunft zur Seite stehen können.

Die Fremdenlegion

Die Stille ist der Ort, an dem die Seele sagt,
was der Verstand ihr ausreden will.
(Verfasser:in unbekannt)

Jens erzählte mir von Erfolgen bei seinem Fitnesstraining und von langen Wanderungen mit einem schweren Rucksack. Auf meine Frage nach dem Ziel antwortete er: „Ich muss fit werden für die französische Fremdenlegion."

In meinen Augen war das eine neue verrückte Idee, die ich überhaupt nicht ernst nahm. Ich konnte mir nicht vorstellen, wie Jens, der noch nie allein verreist war, überhaupt nach Frankreich kommen und sich ohne Sprachkenntnisse zurechtfinden könnte. Erst als Jens mir wiederholt ein Datum nannte, an dem er nicht mehr da sein würde, begann ich über die Fremdenlegion zu recherchieren und war entsetzt. Ich las, dass es tatsächlich möglich war, einfach zu einem der Rekrutierungsbüros in Frankreich zu reisen, und dass es um die Aussicht auf eine Aufnahme für Jens womöglich gar nicht so schlecht stünde. Ich konnte aber immer noch nicht glauben, dass Jens diese Idee wahr machen würde, und nahm an, dass sein geplantes Unternehmen schon bei der Anreise scheitern würde. Falls Jens es aber doch nach Frankreich schaffen sollte, würde denen sicher bald auffallen, dass er psychisch krank ist. Das redete ich mir jedenfalls ein. Ich erwartete also, dass Jens, falls er denn überhaupt abreisen sollte, schnell zurückkommen würde. Jens hingegen war von seiner Idee nicht abzubringen und trainierte weiter. Sein Plan war, sich für viele Jahre zu verpflichten und dadurch genug Geld zu verdienen, um sich anschließend einen schönen Lebensabend gestalten zu können. Sorgen um seine körperliche Gesundheit machte er sich nicht, und moralische Bedenken hatte er keine. Er hielt es für ausgeschlossen, dass er schlimmstenfalls irgendwo auf der Welt in einem Kampf sterben könnte.

Der genannte Abreisetag kam, und Jens war telefonisch wieder einmal nicht erreichbar. Das konnte aber erfahrungsgemäß alles Mögliche bedeuten, und so wartete ich einige Tage ab. Vielleicht war der Grund ein neuer Klinikaufenthalt, oder Jens hatte, wie so oft, sein Handy einfach ausgestellt. Sollte er wirklich abgereist sein, so erwartete ich seine baldige Rückkehr. Ich war mir ganz sicher, dass Jens entweder sein Ziel nicht erreichen oder als nicht tauglich eingestuft werden würde.

Dann nahm meine Unruhe aber von Tag zu Tag zu. In einer langen und schlaflosen Nacht beschloss ich, am nächsten Morgen zu Jens in seine Wohnung zu fahren. Ich hatte inzwischen Ersatzschlüssel für die Haus- und Wohnungstüren. Nachdem Jens sich zweimal durch Vergessen seiner Schlüssel ausgesperrt hatte, konnte ich mich durchsetzen, Schlüssel nachmachen zu lassen. Einmal hatte Jens seine Wohnungstür einfach eingetreten, und beim zweiten Mal rief er einen Notdienst, der mich ein kleines Vermögen kostete.

Ich fuhr also los und schlich mich wieder möglichst lautlos in das Haus, um keine Nachbarn zu treffen. In der Wohnung stellte ich fest, dass der große Rucksack verschwunden und der Kühlschrank leer war. „Nun ist er also doch weg!", dachte ich und konnte es nicht fassen. Es war bereits eine Woche vergangen, und Jens war nicht zurück. War er wirklich in die Fremdenlegion aufgenommen worden? Oder unterwegs irgendwo auffällig geworden und in eine Klinik gebracht worden? Die zweite Möglichkeit hielt ich immer noch für sehr viel wahrscheinlicher, und in diesem Fall würde sich ja sicher bald jemand bei mir melden.

Es meldete sich jedoch auch in den nächsten Tagen niemand. Ich fuhr noch mehrmals in die Wohnung, um dort für Ordnung und Sauberkeit zu sorgen – eine einmalige Gelegenheit, wie ich fand. Außerdem beruhigte es mich ein wenig, etwas tun zu können. Vor allem aber trug es dazu bei, dass ich weiterhin auf eine baldige Rückkehr hoffte.

Dann kam das Monatsende, und ich wusste, dass Jens keinen Dauerauftrag für die Miete eingerichtet hatte. Eine gesetzliche Betreuung hatte Jens zu diesem Zeitpunkt nicht mehr. Er war mittlerweile Ende 20 und im letzten psychiatrischen Gutachten war festgestellt worden, dass eine Verlängerung der Betreuung nicht erforderlich sei. Ich bedauerte das sehr, denn die Betreuerin hatte eine Bankvollmacht und hätte vermutlich auch nach Jens suchen lassen können.

Ich wollte in jedem Fall eine Kündigung der Wohnung verhindern und entschloss mich, seine Monatsmiete von meinem Konto zu überweisen. Die Kontoverbindung der Wohnungsbaugesellschaft und die Höhe der Miete waren mir zum Glück aus älteren Unterlagen bekannt. Jens hatte sich keinerlei Gedanken um seine Wohnung gemacht.

Es vergingen weitere vier Wochen, ohne dass ich etwas hörte oder herausfinden konnte. Meine Gedanken drehten sich wie in einem Hamsterrad, und meine Phantasievorstellungen überschlugen sich. Ich fragte mich, ob ich jetzt nie wieder etwas von meinem Sohn hören würde oder womöglich nur im Falle seines Todes. Vielleicht würde er schon bald irgendwo am anderen Ende der Welt eingesetzt werden und kämpfen? Ich fühlte mich schon jetzt wie eine verwaiste Mutter und wusste nicht mehr weiter. Erst später wurde mir klar, dass es besser gewesen wäre, wenn ich an diesem Punkt psychologische Hilfe gesucht hätte. Vielleicht tat ich es nicht, weil ich immer alles geschafft hatte und stark sein wollte.

Ich überwies ein zweites Mal seine Monatsmiete.

Mir war natürlich bewusst, dass ich so nicht weitermachen konnte. Geplagt von meinem Seelenschmerz und der nagenden Ungewissheit hatte ich in der Familie und bei Freunden immer wieder mein Herz ausgeschüttet. Von meinem Bruder kam schließlich Hilfe. Er hatte einen ehemaligen Arbeitskollegen ausfindig gemacht, der früher Kontakt zur französischen Fremdenlegion hatte. Der Kollege kannte sich in den Strukturen aus und hatte noch persönliche Kontakte. Er konnte herausfinden, dass Jens in der Nähe von Paris in einem Ausbildungslager war. Mehr war nicht zu erfahren. Schon diese Auskunft war eine Besonderheit, denn ohne diesen persönlichen Kontakt wäre für Außenstehende nichts zu erfahren gewesen.

Nachdem ich mich von dem ersten Schreck über diese Nachricht erholt hatte, benötigte ich eine Auszeit. Ich buchte kurz entschlossen drei Nächte in einem Hotel am Nordseestrand. Lange Spaziergänge an der Brandung hatten mich meine Probleme immer bewältigen lassen. Darauf hoffte ich jetzt. Aber die ersehnte Entspannung und Beruhigung meiner geplagten Seele trat nicht ein, die Wunde war zu groß. Ich war und blieb unendlich betrübt und untröstlich. Ich weinte viel und fand das Leben ebenso unzumutbar wie unerträglich. In diesem Gemütszustand reiste ich wieder ab und hatte noch keine Vorstellung, wie ich das überwinden sollte. Es war ein Tiefpunkt, aus dem ich trotz aller liebevollen partnerschaftlichen Unterstützung und trotz aller gelernten und geübten Bewältigungsstrategien nicht wieder herausfand.

Zu Hause blinkte der Anrufbeantworter. Meine Freundinnen und Bekannte benutzten immer meine Handynummer, deshalb dachte ich an etwas Berufliches oder eine Terminabsage und drückte die Abhörtaste. Es erklang die Stimme meines Sohnes: „Hallo, ich bin`s. Habe Deine Handynummer vergessen und wollte nur sagen, dass ich zurückkomme. In zwei Wochen bin ich wieder da. Ich darf nicht öfter telefonieren, aber jetzt weißt Du ja Bescheid. Bis dann!"

Meine Erleichterung war unbeschreiblich. Eine unsäglich schwere Last fiel von einer Sekunde auf die andere von mir ab, und ich fühlte mich urplötzlich wie auf Wolken. Unzählige Male drückte ich die Abhörtaste und hörte die Nachricht immer und immer wieder ab. Alle trüben Gedanken waren wie weggeblasen, und meine Freude war trotz aller Probleme, die mit Sicherheit auf mich zukamen, riesengroß. Wie gut, dass ich die Wohnung gehalten hatte und Jens nicht wieder bei mir einziehen musste!

Dann war Jens einfach wieder da und wirkte ganz unaufgeregt. Er erzählte nicht viel, nur dass es ihm eigentlich ganz gut gefallen hätte. Er sei aus gesundheitlichen Gründen zurückgeschickt worden. Eine starke Schwellung seines Beines hätte verhindert, dass er die Armeestiefel tragen konnte.

Auf der Krankenstation hätte er ein Antibiotikum bekommen, aber die Ursache der Schwellung sei unklar geblieben. Mehr weiß ich bis heute nicht. Ich bin nicht sicher, ob das die Wahrheit oder nur eine von Jens erfundene Geschichte war.

Jens nahm es als selbstverständlich hin, dass seine Wohnung aufgeräumt und nicht gekündigt war. Mit der Schilderung meiner Aufregung und den Mietzahlungen konnte ich ihm immerhin einen Dank abringen. Das Arbeitsamt kürzte Jens für einige Zeit die Leistungen, da er während seiner Abwesenheit Termine versäumt hatte. Weitere negative Folgen ergaben sich aus diesem Abenteuer glücklicherweise nicht. Es gab sogar einen Fortschritt: Jens hatte in der Fremdenlegion gelernt, seine Kleidung selbst zu waschen und seine Hemden zu bügeln. Ich kaufte ihm eine Waschmaschine und beendete nach Jahren endlich meinen Wäscheservice.

Ich bin da, wo ich immer bin

„Du kannst die Wellen nicht aufhalten,
aber Du kannst das Surfen lernen"
(Jon Kabat-Zinn)

In der darauffolgenden Zeit verschlechterte sich Jens' psychischer Zustand erneut. Die Beschwerden mehrerer Nachbarn bei der Wohnungsbaugesellschaft wegen Ruhestörung wurden immer häufiger. Jens erhielt mehrmals Schreiben von der Vermietergesellschaft. Es ging um laute nächtliche Musik sowie um Poltern und Hämmern in der Wohnung. Jens reagierte darauf seinerseits mit Beschwerden und war der Meinung, dass die Nachbarn zuerst aufhören müssten, ihn zu stören. Außerdem sei das alles erfunden, und er wäre nie laut. Von der Wohnungsbaugesellschaft forderte Jens in einer Antwort auf die Anschreiben einen neuen Herd und die Reparatur der Küchentür. Jens war fest davon überzeugt, im Recht zu sein, und er war der Meinung, dass die Vermietungsgesellschaft dazu verpflichtet sei.

Daraufhin verlangte die Gesellschaft bald Zutritt zu Jens' Wohnung, um sich einen Eindruck zu verschaffen. Jens war erfreut, er verstand das als Zusage und ließ eine Besichtigung zu. Der Zustand der Wohnung offenbarte sich mir durch ein weiteres Schreiben der Vermieter, das Jens an mich weiterreichte. Jens wurde in dem Brief hingewiesen, dass er verpflichtet sei, mit der Wohnung pfleglich umzugehen. Die Gesellschaft setzte ihm eine Frist, innerhalb derer er für Reparaturen zu sorgen habe. Jens hatte nicht nur den Herd vollkommen unbrauchbar mit eingebrannten Essensresten verschmutzt, sondern auch die Scheibe der Küchentür zerschlagen und Steckdosen herausgerissen. Natürlich unternahm Jens nichts und wies immer wieder darauf hin, dass die Vermieter für Reparaturen zuständig seien. Es gab weitere Anschreiben mit neuen Fristen und Terminen, die Jens allesamt ignorierte. Und wieder konnte niemand Einfluss auf ihn nehmen.

Gleichzeitig kam es in dieser Zeit zu einer Anzeige wegen Sachbeschädigung. Jens war dabei beobachtet worden, wie er nachts Bauzäune umgeworfen hatte. Jens fühlte sich bedroht und von fremden Mächten überwacht. Seine zunehmende Aggressivität und die Sachbeschädigungen innerhalb und außerhalb der Wohnung waren offenbar Ausdruck und Folge eines sehr großen Druckes, unter dem Jens stand. Die seelische Belastung, die er empfand, und die Angst aufgrund seines Verfolgungswahns müssen gewaltig gewesen sein. Es war furchtbar, dies alles hilflos mit ansehen zu müssen. Ich konnte nur noch hoffen, dass es zu einer Klinikeinweisung kommen würde, bevor noch Schlimmeres passierte oder jemand zu Schaden kam.

An einem Sonntagmorgen, als ich gerade versuchte, mich in der Badewanne zu entspannen, rief Jens an: „Hast Du schon gehört?", waren seine ersten Worte. Nein, ich hatte noch nichts gehört.

„Ich meine, was heute Nacht passiert ist", sagte Jens. Auf meine Frage antwortete er, dass ich das doch eigentlich wissen müsste und dass die Fensterscheibe in seiner Küche zu Bruch gegangen sei. Da es sehr kalt war, würde er sich jetzt nur noch mit geschlossener Tür in dem anderen Zimmer aufhalten. In dieser Notsituation erlaubte Jens mir, später seine Wohnung zu betreten. Ich wollte selbst sehen, wie groß der Schaden war, und musste feststellen, dass die Scheibe des Küchenfensters völlig zerstört war. Jens sagte, es sei jemand am Fenster gewesen und er hätte sich verteidigen müssen. Das war natürlich eine Vorstellung im Rahmen seiner Psychose. Seine Wohnung lag im ersten Stock. Ich fragte mich, ob Jens sein Spiegelbild gesehen hatte? Aber es war sinnlos, solche Überlegungen anzustellen. Stattdessen rief ich einen Glas-Notdienst an, der noch am selben Tag kam. Ich sagte dem Mitarbeiter am Telefon, dass er sich nicht über den Zustand der Wohnung wundern solle, mein Sohn sei krank. Es wurde eine Notverglasung eingesetzt und einige Zeit später die neue Fensterscheibe. Die Rechnung übernahm ich, aber ich war sehr froh, dass es nicht auch noch Nachfragen zur Krankheit meines Sohnes oder zu seiner Wohnung gab. Ich hatte das Gefühl, nicht nur

Jens, sondern auch mich selbst erst einmal wieder gerettet zu haben. Gleichzeitig fragte ich mich, wann wohl die nächste Katastrophe eintreten würde.

Als Angehörige und Mutter empfand ich die fehlende Möglichkeit, für eine Behandlung meines Sohnes sorgen zu können, als eine durch die Gesetzeslage entstandene unterlassene Hilfeleistung. Die sozialen und finanziellen Schäden, die in dieser Zeit der unbehandelten Krankheit meines Sohnes entstanden sind, wirken noch heute fort. Eine Mutter in meiner Selbsthilfegruppe mit einem ebenfalls erkrankten Sohn brachte das Problem mit wenigen Worten auf den Punkt: „So hätte mein Sohn, als er gesund war, nie leben wollen."

In meiner Angst und Sorge versuchte ich, eine Klinikeinweisung zu erreichen. Ich stellte einen entsprechenden Antrag bei dem zuständigen Betreuungsgericht und wartete gespannt auf die Reaktion. Von dem Gericht erhielt ich aber keine Antwort. Es dauerte einige Zeit, bis mein Sohn mir erzählte, dass er eine Einladung zu einem Gutachter bekommen habe. „Hast Du mir den auf den Hals geschickt?", war seine Frage. Ich sagte, dass der Gutachter sicher vom Gericht bestellt worden sei, womit Jens sich glücklicherweise zufriedengab und nicht weiter nachfragte. Jens hatte vor, den Termin wahrzunehmen, um zu zeigen, dass er keine Behandlung benötigte. Meine Hoffnung auf eine Klinikeinweisung hingegen wuchs, denn ich nahm an, dass der Psychiater natürlich sofort feststellen würde, dass Jens in einer schweren psychotischen Krise war.

Leider kam es anders. Eine Empfehlung zur Einweisung mit Behandlung wurde vom Gutachter nicht ausgesprochen. Jens hatte es wieder geschafft, sich für einige Zeit zu benehmen, als wäre er gesund, und nichts von seinen Problemen zuzugeben. Damit musste ich wieder einmal meine Hoffnung auf eine zeitnahe Behandlung und auf Besserung seines Gesundheitszustandes aufgeben.

Wenige Wochen später saß ich im Wartezimmer meines Augenarztes, als ich einen Anruf aus der psychiatrischen Klinik bekam. Es war mein Sohn, der unvermittelt sagte: „Kannst Du mir Sachen bringen?"

Die Frage kannte ich ja schon, wollte aber sicher sein, dass ich mich nicht getäuscht hatte und antwortete: „Ja klar! Aber wo bist Du denn?"

„Ich bin da, wo ich immer bin", kam es zurück.

Diesen Satz werde ich niemals vergessen. Da, wo er immer ist! Und das ist in der Psychiatrie!

Diese Worte meines Sohnes lösten eine unendliche Traurigkeit und Hilflosigkeit in mir aus. Ich fühlte mich wie gelähmt und war fassungslos.

„Da, wo ich immer bin! Da, wo ich immer bin! Da, wo ich immer bin!" Dieser Satz lief in einer Endlosschleife in meinem Kopf. Ich brauchte längere Zeit, bis ich diese Gefühle überwinden konnte. Danach musste ich meine ganze Kraft und meinen ganzen Mut zusammennehmen, um Jens wieder besuchen zu können. Es war dieselbe Klinik und dieselbe Akutstation wie beim letzten Mal.

In der ersten Zeit wirkte Jens noch sehr angespannt und fragte mich immer wieder: „Du kennst doch Sara?"

Ich kannte kein Mädchen und keine Frau mit diesem Namen. Jens wurde wütend, wenn ich immer wieder antwortete, dass ich nicht wüsste, wer das sei. Mehrmals musste ich meinen Besuch bei ihm abbrechen, weil er mich mit den Worten: „Dann kannst Du jetzt auch gehen!", wegschickte.

Erst später wurde mir klar, dass „Sara" eine entscheidende Rolle in Jens' Psychose spielte. Sie war eine Stimme, die ihn überwachte und ihm sagte, was er zu tun habe. Jens konnte während der ersten Zeit in der Klinik nicht glauben, dass es „Sara" in der Realität nicht gab.

Er kämpfte sehr mit sich und tat mir unendlich leid.

Bald erfuhr ich, unter welchen furchtbaren Umständen Jens in die Klinik gekommen war. Er war in seiner inneren Not und dem übermächtigen Gefühl, bedroht zu werden, mit einem Küchen-messer in der Hand auf die Straße gelaufen. Passanten hatten die Polizei gerufen, die ihn überwältigte und in die Klinik brachte.

In dem Anhörungsvermerk des Amtsgerichtes ist zu lesen, dass bei Jens „offensichtlich ein erhebliches psychotisches Erleben" vorlag. Weiter heißt es, der Betroffene gebe wenig Informationen und „bagatellisiere den Vorfall", was ihm sehr gut gelänge. Daraus wurde geschlossen, dass es sich bei Jens' Erkrankung um einen chronifizierten Zustand handeln müsse. Der Oberarzt der Klinik gab außerdem zu Protokoll, es sei kaum vorstellbar, dass der Betroffene mit einem derartigen Krankheitsbild jahrelang unbehandelt gelebt habe. Er regte die erneute Einrichtung einer gesetzlichen Betreuung an. Eine Ärztin ergänzte, dass Jens wegen seines massiv gefährlichen Verhaltens eigentlich ein Fall für die Forensik sei.

Jens selbst teilte auf Nachfrage der Ärzte mit, dass er nicht glaube, psychisch erkrankt zu sein. Die Unterbringung im Krankenhaus hielt er für absolut unangemessen.

Ich empfinde es als ein großes Glück im Unglück, dass dieser schreckliche Vorfall kein schlimmeres Ende genommen hat. Natürlich musste ich sofort an die Nachrichten in den Medien über Messerattacken denken. Oft werden die Täter als psychisch erkrankt dargestellt, was große Ängste in der Gesellschaft schürt. Wie leicht hätte viel Schlimmeres passieren und Jens in seiner von ihm empfundenen Bedrohung jemanden verletzen können. Ich mag noch heute kaum daran denken. Hinzu kommt die Aussage des Arztes, der sich nicht vorstellen konnte, dass Jens so lange unbehandelt gelebt hat. Deutlicher kann doch gar nicht gezeigt werden, dass die ambulante psychiatrische Versorgung neu organisiert werden muss und dass aufsuchende Hilfen viel mehr gestärkt werden müssen! Das ist die dringende Botschaft, die ich mit diesem Buch überbringen möchte.

In den nächsten Wochen besserte sich Jens Verfassung langsam. Die antipsychotischen Medikamente entfalteten ihre Wirkung und die zusätzlichen Beruhigungsmittel konnten immer weiter reduziert werden. Jens nahm regelmäßig an Gruppen- und Einzelsitzungen teil, und er bemühte sich um einen guten Kontakt zum Stationsteam. Dabei war er so überzeugend, dass sogar ich glaubte, jetzt würde alles dauerhaft gut werden. Jens schien, natürlich durch die Medikamente und Therapien bedingt, nun auch im Zusammenhang mit seiner Erkrankung Einsicht zu entwickeln.

Durch den Angehörigenverband war mir bekannt, dass es für Betroffene eine Ausbildung zum Genesungsbegleiter gibt. Ich brachte Jens einen Flyer mit den wichtigsten Informationen in die Klinik. Er war begeistert und erzählte dem Stationsteam schon bald, dass er diese Ausbildung machen möchte. Natürlich würde Jens nach diesem schweren psychotischen Schub und der Klinikzeit noch eine längere Erholungsphase benötigen, das sah er selbst auch so. Aber danach wollte er die Ausbildung beginnen und hatte damit ein Ziel vor Augen. Ich besorgte Jens Bücher zu dem Thema und sprach immer wieder über die Vorteile dieser Ausbildung, auch für ihn selbst. Er würde mehr über sich und seine Erkrankung lernen und in der

Unterstützung von anderen Betroffenen eine sinnvolle Tätigkeit finden.

Die Klinik hatte nach der Anregung des Arztes dafür gesorgt, dass Jens wieder eine gesetzliche Betreuung erhielt. Die Betreuerin aus der ersten Zeit übernahm die Aufgabe erneut. Besser hätte es nicht kommen können. Ich war sehr froh, dass die erfahrene Betreuerin ihn wieder unterstützte und hatte das Gefühl, dadurch und durch den geplanten Ausbildungsbeginn das große Los gezogen zu haben. In meinen Augen hatte sich alles zum Besten gewendet. Mit der Krankheitseinsicht, die Jens jetzt endlich hatte, der Hilfe der Betreuerin und dem nahenden Ziel, Genesungsbegleiter zu werden, sah ich für Jens die besten Voraussetzungen, um eine positiv veränderte und gesündere Zukunft zu erleben. Endlich, endlich schien Jens auf dem richtigen Weg zu sein. Meine Phantasie schlug Purzelbäume bei dem Gedanken, dass Jens vielleicht nie wieder eine so schwere Krise durchmachen würde.

Der Umzug

Krisen sind Angebote des Lebens,
sich zu wandeln.
(Luise Rinser)

Ich war noch immer guter Dinge, als das nächste Unglück eintrat. Wieder war es ein Anruf von Jens, mit dem alles begann. Er teilte mir mit, dass er per Einschreiben die Wohnungskündigung seitens der Wohnungsverwaltung erhalten hatte. Die Kündigung war fristlos mit hilfsweiser Umwandlung in eine fristgerechte Kündigung ausgesprochen worden.

„Das ist alles Unsinn! Ich ziehe natürlich nicht aus. Ich bin auch ganz ruhig und werde auch niemanden stören. Ich ziehe auf keinen Fall aus. Was wollen die schon machen", sagte Jens am Telefon und er klang tatsächlich ganz ruhig.

Ich dagegen konnte mir sehr gut vorstellen, was „die machen" könnten. Ich sah schon Szenen einer Zwangsräumung vor meinem inneren Auge und meinen Sohn im Obdachlosenasyl landen. Auf dem angespannten Wohnungsmarkt würde Jens keine Chance auf eine Wohnung haben. Mir zitterten die Knie, und ich war froh, an diesem Tag nicht allein zu sein. Mein Partner half mir sehr, und gemeinsam verständigten wir Jens' Betreuerin, von der wir umgehend die Kontaktdaten einer Rechtsanwältin bekamen. Jens' Betreuerin versicherte mir, dass wir uns auf die Anwältin verlassen könnten, sie hätte Erfahrung in solchen Fällen und schon ähnliche Prozesse gewonnen. Ich vereinbarte sofort einen kurzfristigen Termin für Jens und mich.

Eine andere Sorge, die ich mir machte, war, dass die Kündigung der Wohnung eine neue psychische Krise auslösen könnte. Aber Jens blieb ruhig und war auch bereit, gemeinsam mit mir den Termin wahrzunehmen.

Die Anwältin übernahm die Vertretung und wies uns darauf hin, Prozesskostenhilfe zu beantragen. Bei weiteren Terminen ließ sich die Anwältin umfassend über die Vorgeschichte informieren. Sie befragte Jens nach den Vorwürfen, die zu der Kündigung geführt hatten, und zu den Beschwerdegründen. Jens schilderte seine Sicht, sodass die Anwältin prüfen konnte, welche Klagepunkte möglicherweise als unhaltbar zurückgewiesen werden könnten. Ich sorgte dafür, dass alle nötigen Unterlagen beschafft wurden. Dazu gehörte auch ein ärztliches Attest über Jens' Erkrankung mit einer positiven Prognose bei der bestehenden Medikation. Die Anwältin äußerte Zweifel, ob es ihr gelingen würde, die Kündigung unwirksam werden zu lassen, aber sie war sich sicher, mindestens ein Jahr Aufschub erreichen zu können.

Zu diesem Zeitpunkt machte ich mir erstmals Gedanken darüber, eine Eigentumswohnung für Jens zu kaufen. Die Aussicht auf ein Jahr Aufschub beruhigte mich keineswegs, und der Wohnungsmarkt würde sich so schnell auch nicht entspannen.

Den Kauf einer Einzimmerwohnung mit einfacher Ausstattung konnte ich mir wirtschaftlich erlauben. Über den Angehörigenverband hatte ich schon vor Jahren gehört, dass es möglich ist, eine Wohnung an das eigene Kind zu vermieten und Miete vom Arbeitsamt oder Sozialamt zu erhalten. Natürlich gab und gibt es dabei Grenzen, was die Größe der Wohnung und die Höhe der Miete betrifft, aber meine finanziellen Möglichkeiten waren ebenso begrenzt.

Die Sorge, dass Jens den Prozess verlieren und obdachlos werden könnte, ließ mich nicht mehr los. Ich begann, mich nach Wohnungen umzusehen, die zum Verkauf standen. Es folgten mehrere Besichtigungen und viele Überlegungen, bis ich eine sehr gut geeignete Wohnung fand. Sie lag nicht zu weit entfernt von Jens' alter Wohnung. Einkaufsmöglichkeiten und der Bahnhof waren gut erreichbar. Das Mehrfamilienhaus befand sich in einem guten Zustand und die kleine Wohnung war in meinen Augen richtig attraktiv. Jens konnte ich trotz meiner positiven Schilderungen nicht von einer Besichtigung der Wohnung überzeugen. Er war der Meinung, dass er den Prozess in jedem Fall gewinnen würde und wollte auf keinen Fall umziehen. Mein Plan für diesen Fall war, die Wohnung anderweitig zu vermieten. Ich sah für die Zukunft die Möglichkeit, die Vermietung wegen Eigenbedarfs meines Sohnes zu kündigen und damit nie wieder vor der Sorge über eine drohende Obdachlosigkeit von Jens zu stehen. Diese Aussicht ließ mich wieder ruhiger schlafen.

Als nach mehreren Monaten endlich der Prozess stattfand, hatte ich die Wohnung schon gekauft, aber noch nicht vermietet. Zu meiner großen Überraschung und zu Jens' Freude verfügte das Amtsgericht nach der Verhandlung, dass die Kündigung unwirksam sei. Jens durfte in seiner Wohnung bleiben. In dem Urteil wurde darauf hingewiesen, dass von anderen Mietern ein erhöhtes Maß an Toleranz verlangt werden kann, wenn Störungen durch einen psychisch erkrankten Mieter stattfinden. Die Abwägung der Schwere der Störungen war zu Jens' Gunsten ausgefallen. Das Gericht bezog sich auch darauf, dass die Lärmbelastungen seit dem Behandlungsbeginn aufgehört hatten und sich Jens' psychischer Zustand stabilisiert hatte.

Aber die Freude währte nicht lange. Die Vermietergesellschaft legte Revision ein. Jens' Anwältin beruhigte uns und sagte, dass es keinen Anlass zur Sorge gäbe. Sie war der Meinung, dass auch in der zweiten Instanz alles gut gehen würde. Da außerdem vorhersehbar war, dass sich der Termin bis zur Verhandlung vor dem Landgericht wieder einige Monate hinziehen würde, vermietete ich die für meinen Sohn gekaufte Wohnung an eine junge Frau. Der finanzielle Verlust bei noch längerem Leerstand der Wohnung wäre für mich zu groß gewesen, und Jens war immer noch nicht bereit, freiwillig umzuziehen. Meine Vermutung ist, dass eine so große Veränderung der Lebensumstände für ihn sehr belastend gewesen wäre und er das spürte oder wusste.

Dann kam der Tag der Verhandlung vor dem Landgericht und das schockierende Urteil: Jens wurde verurteilt, seine Wohnung binnen eines halben Jahres zu räumen. Eine Revision wurde in dem Urteil nicht zugelassen. Leider erfuhr ich erst nach Ablauf der Frist, dass noch eine „Nichtzulassungsbeschwerde" möglich gewesen wäre.

Das Landgericht war zu der Auffassung gekommen, dass aufgrund der Schwere der Störungen des Hausfriedens ein weiteres Mietverhältnis nicht in Frage kommt. Es wurde aber auch festgestellt, dass die wirksam werdende Kündigung eine besondere Härte darstelle, weil Ersatzwohnraum für Jens voraussichtlich nicht beschafft werden könnte. Den Grund dafür sah das Gericht in der psychischen Erkrankung und in der finanziellen Situation. Damit bestätigte das Gericht, dass Jens zu den auf dem Wohnungsmarkt schwer vermittelbaren Personen gehörte. Dennoch bewertete das Landgericht die Störungen schwerer als die besondere Härte der Kündigung. Die Beendigung des Mietverhältnisses wurde in Anbetracht der „erheblichen Beeinträchtigungen des Hausfriedens für vorrangig" gehalten. Durch die Gewährung der „großzügigen" Räumungsfrist sollte Jens nach Ansicht des Gerichtes die Möglichkeit erhalten, doch noch einen Ersatzwohnraum zu finden.

Nach meinen Erfahrungen und meinem Wissen über den damaligen Wohnungsmarkt bin ich auch heute noch der Auffassung, dass es unmöglich gewesen wäre, innerhalb eines halben Jahres eine andere Mietwohnung für Jens zu finden. Nach meiner Ansicht hat das Landgericht somit die Obdachlosigkeit meines Sohnes oder die Unterbringung in einem Obdachlosenasyl in Kauf genommen.

Besonders beklagenswert ist dieses Urteil, weil es fast zwei Jahre nach den angegebenen Kündigungsgründen erfolgte, in denen Jens sich einer medikamentösen Therapie unterzogen hatte und es keine weiteren Störungen des Hausfriedens gab. Ich empfand die Kündigung zu diesem Zeitpunkt und unter den gegebenen Umständen als unmenschliche und verspätete Bestrafung eines psychisch erkrankten Menschen.

Natürlich haben Jens' Nachbarn viel erleiden müssen. Ich habe vollstes Verständnis dafür, dass auch die Rechte der Nachbarn gewahrt werden müssen und es Grenzen der Toleranz geben muss.

Aber wenn die Wohnungskündigung eines psychisch schwer Erkrankten dem Gericht als unvermeidbar erscheint, muss es gleichzeitig die Pflicht unseres Sozialstaates sein, für angemessenen Ersatzwohnraum zu sorgen. Die drohende Wohnungslosigkeit eines Kranken nach der Kündigung billigend in Kauf zu nehmen, ist in meinen Augen ein vollständiges und beklagenswertes Versagen unseres Sozialstaates und damit auch unserer Gesellschaft.

Mit diesem Urteil wurde es für uns ernst. Ich kündigte umgehend den Mietvertrag für meine Eigentumswohnung wegen Eigenbedarf und war meiner Mieterin intensiv bei der Suche nach einer anderen Wohnung behilflich. Zu meiner Erleichterung gelang es, sodass meine Wohnung schon nach kurzer Zeit frei wurde. Meine Mieterin hatte eine feste Anstellung mit geregeltem Einkommen, was ihre Chancen auf dem Wohnungsmarkt gegenüber meinem Sohn natürlich entscheidend erhöhte.

Jetzt galt es, Jens' Umzug zu organisieren. Ich brachte ihm Umzugskartons und erinnerte ihn in der nächsten Zeit immer wieder daran, zu packen. Nicht alle Möbel in Jens' Wohnung waren noch brauchbar, aber sein Bett und der Kleiderschrank sollten auf jeden Fall mit in die neue Wohnung. Ich machte mich auf die Suche nach einer Firma, die sowohl den Umzug übernehmen als auch die Wohnung entrümpeln könnte. Ich hatte Glück und konnte schnell einen Termin vereinbaren. Vorsichtshalber wies ich darauf hin, dass mein Sohn krank sei und die Wohnung ziemlich verwahrlost sein könne. Jens versicherte mir, mit dem Packen schon fast fertig zu sein. Der Umzugstermin konnte also kommen.

Am Umzugstag machte ich mich zur verabredeten Zeit auf den Weg zu Jens' alter Wohnung und erwartete auf dem Parkplatz den Umzugswagen, der sogar etwas vor der Zeit eintraf. Gemeinsam mit den beiden Mitarbeitern ging ich zur Haustür und klingelte. Es passierte nichts. Jens kam nicht runter und drückte auch nicht den Türöffner. Ich klingelte ein zweites Mal. Wieder nichts. Natürlich hatte ich Jens unzählige Male an diesen Termin und die Uhrzeit erinnert. Ich holte mein Handy aus der Tasche und rief Jens' Nummer an. „Was ist los?", tönte es aus dem Hörer. Am liebsten hätte ich laut geschrien, aber ich beherrschte mich und versuchte den richtigen Tonfall zu treffen. „Machst Du bitte auf? Ich stehe hier mit dem Umzugsunternehmen. Es geht los."

„Ihr seid viel zu früh! Es ist ja erst fünf vor acht! Ich muss noch duschen!", war seine Antwort. Ich dachte, dass das doch alles nicht wahr sein kann und antwortete ganz langsam, deutlich und mühsam beherrscht: „Jens − mach − jetzt − bitte − sofort − die − Tür − auf!"

Es wirkte. Jens drückte den Türöffner und wir gingen in den ersten Stock. Jens ließ uns in den Flur und verschwand wortlos im Bad. Die beiden Männer neben mehr grinsten über das ganze Gesicht und meinten: „Wir fangen jetzt mal an und bauen das Bett auseinander."

Ich war unendlich dankbar für diese pragmatische Reaktion und wollte unbedingt wenigstens äußerlich gelassen bleiben. Allerdings musste ich zu allem Übel auch noch feststellen, dass Jens fast gar nichts in die Kartons gepackt hatte. Alles lag noch herum, und ich machte mich daran, die Kartons zu befüllen.

Nach einer Weile kam Jens aus dem Bad und verkündete, dass er jetzt einkaufen müsste. Es verschlug mir die Sprache, aber einer der Möbelpacker kam mir zuvor: „Ja, klar! Gehen Sie nur. Wir machen das hier schon."

Etwas Besseres hätte der Mann nicht sagen können, und dank des großartigen Verständnisses der beiden Helfer konnte ich hoffen, dass doch noch alles klappen würde.

Jens ging tatsächlich einkaufen. Die Männer schleppten die Sachen zum Wagen, und ich befüllte die Kartons. Als Jens zurückkam, war der Wagen schon fast vollgeladen. Jens aß in aller Ruhe in der Küche sein Müsli und war danach bereit, mit zur neuen Wohnung zu fahren. Damit hatte ich schon gar nicht mehr gerechnet. Ich hatte mich auf weitere Schwierigkeiten mit längeren Diskussionen eingestellt. Ich war sehr erleichtert, als das nicht nötig war und fuhr dem Umzugswagen mit meinem kleinen Auto hinterher. Jens fuhr lieber mit den Möbelpackern im Transporter.

Für mich war dieser Vormittag völlig surreal. Sogar mein sonst immer wieder hilfreicher Humor ging mir an diesem Tag verloren. Alles schien mir im wahrsten Sinne des Wortes verrückt, und ich fragte mich, wann das endlich aufhören würde.

Ich bin den beiden Möbelpackern heute noch sehr dankbar. Sie machten vollkommen unbeeindruckt ihre Arbeit, und ihre nüchternen Reaktionen halfen mir sehr, nicht die Nerven zu verlieren. Ohne sie wäre dieser Umzug niemals geglückt.

In der neuen Wohnung hatte ich gemeinsam mit meinem Partner alles perfekt für Jens vorbereitet. Vom Toilettenpapier über Küchengeräte bis zur Schreibtischgarnitur war alles vorhanden. Es hatte uns Spaß gemacht, alles besonders schön herzurichten. Erst viel später hat Jens es immer mal wieder erwähnt und sich dann auch endlich bedankt. „Ihr habt ja wirklich an alles gedacht!", waren seine Worte.

Am Tag des Umzugs muss die Spannung für Jens gewaltig gewesen sein. In der neuen Wohnung angekommen, setzte er sich auf den Schreibtischstuhl und begann, einen Softball immer wieder gegen die Wand zu werfen und aufzufangen. „Hab' ich in der Klinik gelernt…", murmelte er dazu. Erst jetzt wurde mir bewusst, dass Jens' Reaktionen an diesem Tag keine Frechheiten waren, sondern mit seiner Erkrankung zu erklären sind. Ich war sehr bemüht, keine Streitigkeiten aufkommen zu lassen und bemerkte nur kurz: „Gute Sache! Das merke ich mir."

Für mich hieß es, am Nachmittag noch eine neue Matratze und neues Bettzeug zu besorgen. Auch Töpfe und Geschirr musste ich ersetzen. Die alten Sachen waren unbrauchbar verschmutzt.

Die alte Wohnung war am Abend besenrein, aber eine normale Wohnungsübergabe wäre bei Weitem nicht möglich gewesen. Der Zustand der Wohnung ließ mich darüber nachdenken, ob die Kündigung nicht doch berechtigt gewesen war. Es war entsetzlich zu sehen, in welchen Zuständen mein Sohn gehaust hatte. Natürlich hatte die Vermietergesellschaft Recht mit ihrem Hinweis, dass die Wohnung vom Mieter pfleglich zu behandeln ist.

Bad und Küche klebten vor Schmutz, die Tapeten waren eingerissen, Steckdosen und Schalter teilweise herausgerissen. In der Küchentür fehlte der Glaseinsatz, und die Fensterscheiben waren blind vor Dreck. Im Wohnzimmer prangte in riesengroßer Schrift das Wort „Relax" auf der Wand. Vieles war in den akuten psychotischen Phasen passiert. Als Jens sich verfolgt fühlte, klebte er wegen vermeintlicher Kameras Lampen und Schalter ab oder versuchte, sie zu entfernen.

Die Unordnung und der Schmutz waren Jens irgendwann über den Kopf gewachsen, sodass er es auch in den besseren Zeiten nicht geschafft hatte, die Wohnung wieder in einen akzeptablen Zustand zu bringen. Bemerkenswert ist, dass Jens selbst zu jedem Zeitpunkt sehr sauber und gepflegt wirkte. Niemand wäre jemals auf den Gedanken gekommen, dass er sich mit einem Duschschlauch ohne Brausekopf gewaschen und sich vor einem halb blinden Spiegel rasiert hatte.

Ich hatte der Wohnungsbaugesellschaft mehrfach angeboten, alle nötigen Renovierungskosten und Reinigungsarbeiten zu übernehmen, wenn im Gegenzug die Kündigung zurückgenommen werden würde. Der Umfang der nötigen Arbeiten war mir zu dem Zeitpunkt natürlich nicht bekannt, denn Jens ließ mich ja nicht in die Wohnung. Ich war mir aber sicher, dass Jens alles akzeptiert hätte, um in der Wohnung bleiben zu können.

Auf meine Schreiben an die Vermietungsgesellschaft erhielt ich nie eine Antwort, und meine Anrufe wurden mit Hinweis auf den Datenschutz lediglich zur Kenntnis genommen. Man dürfe mir keinerlei Auskünfte geben und würde auch nicht mit mir kommunizieren wollen. Ich gab also keine Reparaturarbeiten in Auftrag, denn ich sah mein Angebot der Kostenübernahme als Faustpfand, um vielleicht doch noch die Rücknahme der Kündigung zu erreichen.

Natürlich wäre Jens verpflichtet gewesen, die Wohnung in einem sauberen und renovierten

Zustand zu verlassen. Dazu war er selbst aber nicht in der Lage, und ich war nicht bereit, trotz der Kündigung die Kosten zu tragen. Jens' Betreuerin hatte einige Zeit zuvor eine Privatinsolvenz für Jens beantragt.

Wenige Tage nach dem Auszug warf ich die Schlüssel ohne irgendeinen Kommentar in den Briefkasten der Wohnungsbaugesellschaft. Ich war immer noch so aufgebracht über die Klage bis in die zweite Instanz und über die Ignoranz gegenüber meinen Angeboten. Für die erste Kündigung konnte ich, nachdem mir der Zustand der Wohnung bekannt war, noch etwas Verständnis aufbringen. Aber damit auch noch vor das Landesgericht zu ziehen und auf meine Angebote nicht zu reagieren, empfinde ich im Hinblick auf einen psychisch schwer erkrankten Mieter immer noch als unmenschlich.

Einige Wochen später erhielt ich von der Wohnungsbaugesellschaft einen überraschenden Anruf. Mir wurde Post angekündigt, mit der die Gesellschaft mich über das Mietverhältnis meines Sohnes informieren wolle. Tatsächlich lag wenige Tage später ein dicker Umschlag im Briefkasten. Ich konnte es mir nicht anders erklären, als dass der Datenschutz jetzt offensichtlich keine Rolle mehr spielte und die Gesellschaft versuchen wollte, Kosten auf mich abzuwälzen. Nach der abweisenden Haltung zuvor empfand ich diese Vorgehensweise als absolut unverschämt. Ich entwarf ein Antwortschreiben, in dem ich meine

Sichtweise deutlich machte und schickte den Brief ungeöffnet zurück. Von der Vermietergesellschaft habe ich nie wieder etwas gehört.

Ich dachte, diesmal ist es real

Träumend plant der Geist
seine eigene Wirklichkeit
(Sören Kierkegaard)

Als Jens Mitte 30 war, kündigte sich die nächste psychotische Krise an. Eine akute Ursache oder einen Auslöser konnte ich nicht identifizieren. Ich vermutete eine späte Reaktion auf die Belastungen während der Kündigungsphase und des Umzugs. Meine Vorstellungen über unsere Zukunft fielen wie ein Kartenhaus in sich zusammen. Nun also doch wieder eine psychotische Krise und trotz aller positiven Umstände scheinbar eine unendliche Geschichte.

Jens wurde wieder nervös, unkonzentriert und überaktiv. Er selbst bemerkte diese Veränderungen an sich nicht und wiegelte meine Befürchtungen ab. An einem frühen Sonntagmorgen rief Jens wieder einmal an: „Mein Fahrrad ist kaputt. Ich brauche noch heute 300 Euro als Anzahlung für ein neues Fahrrad und komme nachher vorbei!"

So ging es mit ähnlichen, ständig fordernden Anrufen weiter, und Jens' Zustand verschlechterte sich stetig. Er verstrickte sich immer tiefer in seine imaginäre Welt und verlor vollkommen den Bezug zur Realität. Und wir mussten es hilflos miterleben und ihm dabei zusehen.

Zu meinem Lebenspartner hatte Jens seit seiner letzten Krise großes Vertrauen gefasst und einen sehr guten Kontakt. Mein Partner wollte seinen Einfluss nutzen und meldete sich bei Jens zu einem Besuch an. Er wollte versuchen, ihn wenigstens zu einem Arztbesuch zu überreden. Eine Behandlung im Krankenhaus zu erreichen, hielten wir für aussichtslos und versuchten es deshalb gar nicht erst. Doch zum verabredeten Termin öffnete Jens die Tür nicht und war auch telefonisch nicht erreichbar. Was nun? Uns schien zunächst nur das Warten zu bleiben, doch dann ging es sehr schnell. Schon am nächsten Tag erhielt ich wieder einmal einen Anruf aus der Klinik. Jens war erneut aufgenommen worden und alles begann von vorn. Seine − vielleicht nur scheinbare − Krankheits-einsicht und die letzten positiven Veränderungen hatten Jens nicht vor einem Rückfall bewahrt.

Die Wohnungsschlüssel waren dieses Mal von der Station verwahrt worden, und so war es einfacher, Jens zeitnah seine Sachen zu bringen. Die Wohnung war leichter in Ordnung gebracht als früher, und ich fuhr ihn wieder regelmäßig in der Klinik besuchen. Mittlerweile fühlte ich mich als erfahrene Angehörige und Wegbegleiterin. Ich war von den Ereignissen nicht mehr so sehr aus der Bahn geworfen und konnte in vielen Dingen pragmatisch reagieren. Ich war froh und erleichtert, Jens jetzt in Behandlung zu wissen.

Ich ließ mir mit Jens' Einverständnis Schlüssel für seine Wohnung nachmachen, denn ich befürchtete, in der Zukunft mit weiteren Notfällen rechnen zu müssen.

Später erzählte mir Jens, dass er nachts gegen die Wände gehämmert hatte, wusste aber nicht mehr, warum. Er hatte viel Alkohol getrunken, weil er die Stimmen loswerden wollte. Aber der Alkohol habe ihn aggressiv gemacht. Ich fragte Jens, warum er mit diesen Problemen, die er ja schon kannte, nicht zu seinem Arzt gegangen sei, zu dem er doch Vertrauen hatte. Jens sagte: „Ich dachte, diesmal ist es real." Das ist ein Satz von Jens, den ich auch niemals wieder vergessen werde. Es war Jens in der Krise also sehr wohl bewusst, dass er früher schon Stimmen gehört hatte, die nicht real waren. Er konnte aber nicht erkennen, dass die Stimmen ihn auch diesmal wieder getäuscht hatten. Nachbarn hatten in der Nacht die Polizei gerufen, und da Jens den Polizisten schon bekannt war, wurde er direkt in die Klinik gebracht. Es wurde diagnostiziert, dass Jens unter Denkstörungen mit Wahnideen litt und mit imaginären Personen sprach. Ein Anlass zur Unterbringung in der Forensik lag nicht vor, und ich war froh, dass Jens wieder in dieser Klinik behandelt wurde, wo seine Vorgeschichte bekannt war.

Jens kooperierte wieder gut mit dem Stationsteam, und ich konnte wichtige Gespräche mit ihm führen. Er erzählte mir, dass er während der akuten Phase eine Taube auf dem Balkon gesehen hatte, die zu ihm sprach. An einem anderen Tag hatte er gespürt, dass eine Münze in seiner Hosentasche zu vibrieren begann. Die Vorstellungen waren so klar, deutlich und intensiv, dass Jens keine Zweifel an ihrer Realität kamen. Ich war dankbar, dass Jens so offen mit mir darüber sprach. Es half mir, noch besser zu verstehen, was in einem Menschen bei einer Psychose vorgeht, und es tat mir gut, dass Jens dieses Vertrauen zu mir hatte. In dieser Zeit begann ich, an trialogischen Gesprächen mit Betroffenen, Fachleuten und Angehörigen teilzunehmen, was noch mehr zu meinem Verständnis für die unterschiedlichen Krankheitssymptome beitrug.

Vor der Entlassung aus der Klinik wurde Jens' Medikation auf eine Depotspritze umgestellt. Es brauchte einiges an Geduld und viel Zuspruch von allen Seiten, um Jens davon zu überzeugen, die Spritzen anzunehmen. Aber es gelang. Die Vergangenheit hatte ja gezeigt, dass Jens seine Medikation immer wieder schnell absetzte. Deshalb schien allen Beteiligten die Umstellung auf eine Depotspritze, die alle zwei Wochen verabreicht wird, der bessere Weg zu sein.

Da ist er ja wieder

Und jedem Anfang wohnt ein Zauber inne,
der uns beschützt und der uns hilft zu leben.
Hermann Hesse

Die Umstellung auf die ambulante Behandlung gelang gut. Jens besorgte sich regelmäßig die nötigen Rezepte, holte das Medikament aus der Apotheke ab und erschien zuverlässig bei seinem Psychiater. Ich empfand es als ein großes Glück, dass der behandelnde Psychiater einen guten Zugang zu Jens gefunden hatte und von ihm offensichtlich respektiert wurde. Anders wäre sicher auch diese Behandlung nicht möglich gewesen. Jens nannte es so: „Der ist ganz in Ordnung."

Wir luden Jens regelmäßig zu uns zum Essen ein und konnten viele Gespräche mit ihm führen. Er war über die Politik und über das aktuelle Weltgeschehen immer gut informiert, sodass sich die Gesprächsthemen nicht nur auf Jens' Erkrankung beschränkten.

Besonders gern denke ich an einen sonnigen Abend auf unserer Terrasse zurück. Ich hatte Jens lange nicht mehr so entspannt und zufrieden erlebt. Er genoss sichtlich die schöne Umgebung, unterhielt sich sehr interessiert mit uns und schmiedete Zukunftspläne. Ich spürte eine große

Dankbarkeit in mir und dachte: „Da ist er ja wieder! Mein Sohn ist wieder da, wie wunderbar!" Ich empfand, wie es wäre, einen gesunden Sohn zu haben, und meine geplagte Seele machte Luftsprünge.

Zu meinem Bedauern wurde aus der Ausbildung zum Genesungsbegleiter leider nichts. Jens lernte Genesungsbegleiter kennen, die ihm nicht sympathisch waren und begründete damit seinen Eindruck, für diese Tätigkeit nicht geeignet zu sein. Ich war darüber sehr enttäuscht, aber immerhin schien Jens bereit, etwas Anderes anzufangen. Wenige Wochen später fragte er, ob wir eine neue kaufmännische Ausbildung über ein Fernstudium finanzieren könnten. Er hatte sich schon einen Anbieter und ein konkretes Ziel ausgesucht. Ich war froh, dass Jens endlich überhaupt Interesse an einer Tätigkeit zeigte und sagte zu. Nach vier Wochen fragte mich Jens, ob ich ihm helfen könnte, den Karton mit dem Lernmaterial für das erste Halbjahr zurückzusenden und den Vertrag zu kündigen. Eine weitere Enttäuschung! Ich war nur froh, dass Jens sich noch rechtzeitig gemeldet hatte und ich nicht monatelang die Gebühren weiterzahlen musste.

Natürlich war uns klar, dass Jens dringend mehr Kontakt zu anderen Menschen brauchte und eine Fortbildung oder ein Kurs mit Anwesenheitszeiten besser geeignet gewesen wäre. Aber wie auch früher ließ Jens sich in dieser Hinsicht nicht beeinflussen und zu etwas überreden. Er lehnte alle Vorschläge ab.

Trotzdem machte ich noch einen weiteren Versuch, bei dem ich eine kleine Chance auf eine Tätigkeit für Jens sah. Ich suchte eine auf psychische Erkrankungen spezialisierte Beratungsstelle auf, die sich auch an Angehörige richtete. Dort erhielt ich Kontakte zu Einrichtungen mit Beschäftigungsmöglichkeiten. Darunter war auch die Adresse für eine ambulante Rehabilitation, zu der ich sofort weitere Informationen sammelte. Da Jens in einem sicheren Wohnverhältnis lebte und die Einrichtung gut erreichbar war, wären die Kosten für die ambulante Rehabilitation übernommen worden. Aus meiner Sicht war das geradezu ideal: Jens wäre dort mit Therapien und Schulungen auf die Ansprüche einer beruflichen Tätigkeit vorbereitet worden. Ich hatte immer noch nicht aufgegeben und glaubte, doch noch das Richtige für Jens finden zu können. Aber Jens lehnte auch dieses Angebot ab.

Jens' Betreuerin sagte daraufhin, dass sie nichts mehr wüsste, was sie noch tun könnte. „Jens hat sich völlig eingesponnen in seiner eigenen Welt. Er würde einem Realitätscheck in der Arbeitswelt vermutlich gar nicht mehr standhalten", so ihre Worte. Ich musste ihr recht geben und nahm mir vor, meine Bemühungen um Arbeit oder Beschäftigung für ihn endlich einzustellen. Das war mein eigener Realitätscheck, dem ich standhalten wollte.

In der folgenden Zeit begann Jens sich ein wenig politisch zu engagieren und knüpfte immerhin ein paar neue Kontakte. Er nahm das regelmäßige Training in einem Fitnessstudio wieder auf und ging joggen. Ab und zu traf er eine frühere Freundin und suchte den Kontakt zu Bekannten aus seiner Vergangenheit. Für mich war es eine entspannte Zeit, und ich freute mich über jede kleine positive Entwicklung. Ich brauchte keinen erfolgreichen Sohn mehr, von dem ich überall berichten könnte, sondern ich war froh und zufrieden, dass es Jens gut zu gehen schien.

Mir geht es gut, ich therapiere mich selbst

Inmitten der Schwierigkeiten liegt die Möglichkeit.
(Albert Einstein)

Trotz alledem blieb die nächste Episode nicht aus. Nach etwa anderthalb Jahren veränderte sich Jens erneut. Zuerst wurde er immer kontaktfreudiger, rief mich häufig an und besuchte mich öfter. Bald fiel mir aber auch eine fast manische Aktivität auf. Jens trainierte jetzt täglich im Fitnessstudio, übte zu

Hause mit Hanteln und ging häufig schwimmen. Er bestellte außerdem ständig neue Kleidung und Schuhe über das Internet. Immer wieder konfrontierte er mich mit neuen Ideen und immer wieder musste ich finanziell für seine Einkäufe einspringen. Jens drängte mich außerdem, ihm ein neues Handy zu kaufen, weil er abgehört werde. Als wäre es eine Selbstverständlichkeit, erzählte er mir beiläufig, dass er mit seinen Nachbarn über Telepathie kommunizieren könne. Mir fehlten die Worte, um dem etwas entgegenzusetzen. Ich wollte aber auch vorsichtig sein und versuchen, ihn in seiner Welt zu verstehen. Vielleicht würde sich durch guten Kontakt und Vertrauen eine Möglichkeit ergeben, irgendwie helfen zu können. Ich wusste ja, dass sich Wahnvorstellungen in der Psychose nicht aus- oder wegreden lassen.

Jens wirkte zunehmend wie getrieben, war fahrig und unkonzentriert. Nach jahrelangem Nichtstun erstellte er plötzlich zahlreiche Bewerbungen und fing gleichzeitig an, ein Buch zu schreiben. Außerdem wünschte er sich zwei Farbmäuse als Haustiere und bedrängte mich ständig, ihm ein Terrarium zu kaufen. Er schrieb lange Briefe, in denen er erklärte, dass seine Betreuung sofort beendet werden müsste, und er konnte kaum noch schlafen. Er schlief nie mehr als drei oder vier Stunden in einer Nacht.

In einem Gespräch mit Jens erfuhr ich zufällig, dass er sich die Depotspritzen seines Medikamentes seit einiger Zeit nur noch unregelmäßig geben ließ. Jens war wieder einmal der Meinung, keine Medikation mehr zu brauchen, denn es gehe ihm ja gut. Damit war für mich die Ursache für die erneute Krise klar.

Ein Anruf bei dem Psychiater, der Jens seit dem letzten Klinikaufenthalt betreute, ergab für mich die Information, dass Jens „mehr Schutz" bräuchte. Ich verstand das als Bestätigung der aktuell unzureichenden Medikation und fragte gezielt nach anderen Möglichkeiten. Eine andere Dosis oder andere Medikation sei bei allen Patienten grundsätzlich nur mit deren Einverständnis möglich, denn alles andere wäre ein Vertrauensbruch − so lautete die diplomatische Antwort. Natürlich durfte der Psychiater mir keine näheren Auskünfte geben, aber es erleichterte mich sehr, überhaupt mit ihm sprechen zu können und meine Beobachtungen mitzuteilen.

Die erste Beschwerde der Nachbarn bei mir als Vermieterin folgte schon bald. Die Beschwerdepunkte waren nicht näher erklärtes „unsoziales Verhalten" und wiederholte falsche Müllentsorgung. „Wenn es nur weiter nichts ist!", dachte ich, aber es ging sehr schnell weiter. Jens wurde immer reizbarer und litt unter Aggressionsschüben. Ich weiß nicht wie, aber er schaffte es, dass Kochfeld von seinem Herd zu zertrümmern. Wieder musste ich Handwerkern erklären, dass mein Sohn krank ist und sie bitten, über sein Benehmen und über den Zustand der Wohnung hinwegzusehen.

Ebenso bald hatte Jens wieder die Vorstellung, dass jemand in seinem Kellerraum wohnt und seine imaginäre Freundin war wieder ständig in seinem Kopf. Er war überzeugt, dass sein Handy überwacht werde, und verlangte wieder, dass ich ihm ein Neues besorge. Jens erzählte, dass er seine Nachbarn immer öfter „telepathisch konnektiere", und auch mit mir wollte er telepathisch in Verbindung treten. Ich sollte mich zu einer festen Uhrzeit auf die Terrasse setzen und in Richtung Sonne schauen, dann würde er mich „konnektieren". Ich äußerte vorsichtige Zweifel, um Jens nicht zu provozieren. Später rief er mich an und meinte, es hätte noch nicht geklappt, aber er würde es gern weiter versuchen.

An einem anderen Tag verlangte Jens, dass einer seiner Nachbarn sofort auszieht. Jens fühlte sich ständig gestört, und das sei nicht mehr erträglich. Er habe auch schon mehrmals bei dem Nachbarn geklopft und geklingelt, aber es mache niemand die Tür auf. Diesmal verlor ich meine Vorsicht und sagte ziemlich laut und deutlich: „Hier zieht niemand aus! Weißt Du noch, wie es war, als Du aus Deiner letzten Wohnung ausziehen musstest? Dein Nachbar zieht nicht aus und Du auch nicht! Hör sofort auf, bei den Nachbarn zu klingeln oder zu klopfen!"

Ich war selbst erschrocken über meinen Ausbruch, aber der von mir befürchtete Wutanfall bei Jens trat zum Glück nicht ein, und der Nachbar war erst einmal kein Thema mehr. Mir fiel ein Stein vom Herzen, wenigstens diese Gefahr schien erst einmal gebannt.

Ich wartete vergeblich auf die Wirkung einer anderen Medikation. Jens nahm zwar regelmäßig Termine beim Psychiater wahr, aber er hielt sich offenbar nicht an die Anordnungen und experimentierte mit den Medikamenten. Meine besorgten Fragen wischte er mit einem Satz beiseite: „Mir geht es gut. Ich therapiere mich jetzt selbst."

Mein Sohn rang um Normalität, und ich rang um Distanz.

Jens' eigene Therapie bestand aus Cannabisprodukten, die seit kurzem frei verkäuflich waren. Natürlich konnte das keine spürbare Besserung der psychotischen Symptome bringen, und es folgte eine Katastrophe nach der anderen. Bei einem seiner Wutanfälle ging das Fahrrad zu Bruch, und Jens riss den Türöffner in seiner Wohnung aus der Wand. „Heute war ich nur ganz kurz wütend," sagte er einmal, wohl um mich zu beruhigen. Das Gegenteil war der Fall, denn ich fragte mich, was in der kurzen Zeit wohl passiert war.

Jens erhielt Hausverbot in mehreren Geschäften. Er erzählte mir, dass er nicht schlafen könne, weil es zu interessant sei, den Stimmen zuzuhören. Seine „Freundin" habe ihm noch weitere Stimmen eingepflanzt. Er werde ja in Kürze mit ihr nach Hawaii verreisen, und ich solle mir keine Sorgen machen.

Manchmal suchte Jens seine „Freundin", deren Stimme er immer hörte. Einmal stand er spät abends unerwartet vor unserer Haustür und wollte unbedingt in unseren Keller, um zu sehen, ob seine Freundin da sei. Jens große Anspannung war für mich fast körperlich spürbar. Er wirkte unsagbar verzweifelt, als er seine Freundin bei uns nicht fand. Ich war nicht weniger verzweifelt. Mir ließ es die Tränen in die Augen steigen, meinen Sohn so zu erleben.

Später erfuhr ich, dass Jens bei mehreren Nachbarn geklingelt hatte, weil er seine „Freundin" in deren Wohnung vermutete. Er verlangte, in ihre Wohnungen zu dürfen. Die Nachbarn waren durch sein Auftreten sehr verunsichert, und ich wurde als Eigentümerin von Jens' Wohnung über diese Vorfälle verständigt. Es blieb mir nichts anderes übrig, als den Hinweis zu geben, dass mein Sohn erkrankt sei, und sie um ihr Verständnis zu bitten. Ich erklärte auch, dass es sich um eine akute Phase handelt, die sich mit einer Medikation hoffentlich bald bessern würde. Mir war dabei bewusst, dass Miteigentümer des Hauses im schlimmsten Fall verlangen könnten, dass ich meinem Sohn den Mietvertrag kündige. Auch hier hätte es letztlich zu einer Klage und dem Verlieren eines Prozesses kommen können. Aber davon waren wir glücklicherweise noch entfernt. Als mein Partner mich fragte, was ich denn in diesem Fall machen würde, hatte ich nur eine pragmatische Antwort: „Dann verkaufe ich eben diese Wohnung, kaufe für das Geld eine andere Wohnung und vermiete die wieder an Jens. Ich könnte es nicht ertragen, wenn Jens auf der Straße lebt."

An manchen Tagen erhielt ich von Jens Textnachrichten mit völlig wirren Inhalten wie zum Beispiel: „Es wird nichts mit der Weltherrschaft." Oder: „Durch die Reduzierung auf zwei ihrer Sinne heile ich Magic Bunny. Noch ist sie ein wenig ängstlich."

Wenn ich mit Jens telefonierte, hörte ich die absonderlichsten Sätze wie: „Der Kassierer im Supermarkt ist Psychiater." Oder: „Ein Waldarbeiter hat 25.000 Euro Strafe wegen Rauchens im Wald angeordnet." Oder: „Wie weit seid Ihr mit den Flugtickets? Ich fliege nächste Woche nach Hawaii." Oder: „Ich hatte einen schwarzen Punkt im Auge, das habe ich im Spiegel gesehen. Dann ist der Punkt in mein Gehirn gewandert."

Ich konnte nichts anderes tun, als zu versuchen, mit Jens im Kontakt zu bleiben. So hoffte ich, ganz große Katastrophen verhindern zu können. Jens Worte und die Nachrichten konnte ich mir immer weniger erklären. Es fehlte inzwischen jeglicher Bezug zur Realität, und ein normales Gespräch war mit Jens nicht mehr möglich. Meine größte Sorge war, dass Jens in seinem Wahn bei einem aggressiven Schub jemanden oder sich selbst verletzen könnte.

„Warum gibt es keine Möglichkeit, meinem Sohn zu helfen, obwohl es Hilfe gibt? Warum darf niemand eingreifen? Und warum bekommt mein Sohn nicht die rettende Behandlung? Er ist schwer krank, es geht ihm immer schlechter und er ist nicht mehr er selbst. Ist das nicht schon die Folge einer unterlassenen Hilfeleistung?" Diese Fragen drehten sich unentwegt in meinem Kopf und das Gefühl meiner Hilflosigkeit war unbeschreiblich.

Ich setzte mich mit Jens' Betreuerin in Verbindung. Damit hatte ich lange gezögert, weil ich es nach meinen Erfahrungen aus der Vergangenheit für unwahrscheinlich hielt, dass Jens' Betreuerin etwas ändern könnte. Aber nach meinen jetzigen Schilderungen, die ich auch schriftlich festhielt, überzeugte sich die Betreuerin selbst noch einmal von Jens' Verfassung und hielt Rücksprache mit seinem Psychiater. Beide hielten nun endlich eine stationäre Unterbringung für erforderlich. Ich wartete von Tag zu Tag, dass nun die nötige Hilfe kommen würde.

Da es noch immer keine aufsuchenden Hilfsangebote mit Ressourcen für wiederholte Versuche und mit ausreichend Zeit für Vertrauensbildung gab, blieb als letzte Möglichkeit nur die Krankenhauseinweisung.

Bald danach erzählte mir Jens von einem Arzt, der ihn besucht habe und zeigte mir zwei Schreiben, eines vom Gericht und ein zweites von einem Verfahrenspfleger. Er habe aber überall gesagt, dass er nicht ins Krankenhaus wolle und auf keinen Fall freiwillig gehen würde. Ich hoffte vergebens, dass es trotzdem schnell gehen könnte. Offenbar wurde jedoch noch immer keine Gefahr für Jens oder andere gesehen, die eine sofortige Unterbringung gerechtfertigt hätte. Es passierte eine quälend lange Zeit immer noch nichts, und meine Kraft neigte sich wieder einmal dem Ende zu.

„Wie lange soll das noch so weitergehen? Das ist doch nicht zu ertragen! Die sozialen Schäden im Umfeld und die finanziellen Probleme werden immer größer. Meinem Sohn geht es immer schlechter!", dachte ich. Alle von mir früher erlernten und oft genug geübten Bewältigungsstrategien hatten nicht mehr den gewünschten Erfolg. Ich fühlte mich wie zerrissen zwischen dem Wunsch, ihm zu helfen, und dem Wissen, dass ich mich abgrenzen muss.

Ich erinnerte mich an die Selbsthilfegruppe von Müttern an einer Psychose erkrankten Kindern und nahm nach vielen Jahren erneut Kontakt auf. Die Gruppe, in der ich mich vor Jahren so wohl gefühlt hatte, traf sich tatsächlich immer noch. Ich fühlte mich dort sofort wieder verstanden und aufgenommen. Die Probleme der anderen Mütter waren nicht kleiner als meine, aber alle wurden auf ihre persönliche Art damit fertig und hatten ihren Humor nicht verloren. Die gemeinsamen Abende mit meinen „Leidensgenossinnen" halfen mir auch diesmal wieder über meinen Tiefpunkt hinweg.

Dann besserte sich Jens' Zustand langsam. Er sprach weniger von Telepathie und Stimmen, wurde insgesamt ruhiger und berichtete, jetzt besser schlafen zu können. Nach und nach besserten sich auch die anderen Symptome der Psychose; und bald erkannte ich meinen Sohn wieder.

Später habe ich erfahren, dass Jens offensichtlich durch die drohende Zwangseinweisung in die Klinik endlich die Bereitschaft entwickelt hatte, seine verordneten Medikamente regelmäßig und in der nötigen Dosierung zu nehmen. Das ganze Dilemma – und nicht nur dieses – wäre ihm und uns erspart geblieben, wenn Jens einsehen und verstehen hätte können, dass er nicht ohne seine Medikamente leben kann.

Bei einem Telefonat mit Jens' Psychiater fragte ich deshalb nach dem Angebot einer Psychoedukation, bei der Jens mehr über seine Erkrankung und seine persönlichen Frühwarnzeichen vor einer Krise lernen würde. Im Rahmen einer Psychoedukation ist zudem die Möglichkeit vorhanden, Krisenpläne und Patientenverfügungen für den Fall einer erneuten Krise zu erstellen. Mit der zuständigen psychiatrischen Klinik können bereits bekannte

Patienten Vereinbarungen für einen erneuten Behandlungsfall treffen.

Vermutlich sind diese vorsorgenden Möglichkeiten wegen Jens mangelnder Mitarbeit gescheitert. Ich habe in der folgenden Zeit von Jens nie etwas darüber gehört, und ich habe auch keine Hinweise, dass Jens die Einstellung zu seiner Krankheit geändert hätte. Gern wüsste ich mehr über die Einzelheiten der Behandlung meines Sohnes, und immer noch würde ich gern mehr tun als es mir jetzt möglich ist.

Ich versuche, an diesen für mich schwierigen Umständen immer weiter zu reifen und mich weiterzuentwickeln. Das ist für mich die Möglichkeit, zu leben und nicht gelebt zu werden.

Nachwort oder der Blick nach vorn

Wirklich reich ist,
wer mehr Träume in seiner Seele hat,
als die Wirklichkeit zerstören kann.
(Hans Kruppa)

Die zuletzt geschilderte Krise meines Sohnes ereignete sich, als ich schon begonnen hatte, dieses Buch zu schreiben. Erst jetzt, nach vielen Jahren und mehreren psychotischen Schüben, konnte ich wirklich akzeptieren, dass Jens' Erkrankung chronisch geworden ist und eine endgültige Heilung damit unwahrscheinlich ist. Bisher hatte ich nach jeder psychotischen Krise erneut gehofft, dass mein Sohn die Krankheit nun endgültig überwinden könnte.

Jetzt hoffe ich, dass eine Medikation gefunden ist, die Jens dauerhaft zu nehmen bereit ist, und mit der es ihm gut geht. Wenn künftige Krisen kleiner als bisher gehalten werden könnten, wäre das eine große Erleichterung für mich. Dies würde längere Phasen mit guten Zeiten bedeuten.

Aber ich möchte an dieser Stelle anderen Angehörigen und Freunden psychisch erkrankter Menschen unbedingt Mut zusprechen! Nicht immer wird eine psychische Erkrankung chronisch. Oft können Betroffene mit der nötigen fachlichen Hilfe und mit Unterstützung durch ihre Familie und

Freundinnen und Freunde eine kritische Phase endgültig überwinden. Und auch bei einer Chronifizierung der Erkrankung bleibt das Leben lebenswert. Auf eine schwere Zeit für die Betroffenen und ihre Angehörigen folgt auch immer wieder eine bessere. Es lohnt sich, nicht aufzugeben, den Kontakt zu den Betroffenen nicht abzubrechen und sich selbst zu stärken!

Das Lernen über die Krankheit und das Wissen über die Möglichkeiten der Bewältigung sowohl für Betroffene als auch für alle anderen Beteiligten ist dabei entscheidend. Nicht nur die Betroffenen, auch die Familien, Freundinnen, Freunde und Wegbegleiter:innen benötigen Hilfe und Unterstützung.

Nach langen Jahren der Erfahrungen, des Lernens und des Austausches mit anderen bin ich heute als ehrenamtliche Beraterin für Angehörige tätig. Ich empfinde es als wohltuend und sinngebend, ein wenig zur Entlastung anderer Angehöriger beitragen zu können. Aus demselben Grund ist auch dieses Buch entstanden.

Nachdem ich immer besser gelernt habe, mit Jens' Erkrankung zu leben, beginne ich jetzt, mir Gedanken um die fernere Zukunft zu machen. Wie wird Jens eine Krise überstehen können, wenn ich später nicht mehr da bin? Mit der Wohnung, die Jens erben wird, und mit einem Behindertentestament dachte ich zunächst, ausreichend vorgesorgt zu haben. Natürlich ist es ein großes Privileg, eine

Wohnung vererben zu können, und das Behindertentestament wird ebenso eine große Hilfe sein. Aber ich beginne auch, über Wohnformen mit Betreuung nachzudenken. Es geht mir dabei darum, dass Jens auch später in einer Krise nicht völlig sich selbst überlassen ist. Vor der Suche nach einem geeigneten Platz in einer Wohneinrichtung – mit meist langen Wartezeiten – steht aber die Überzeugungsarbeit, die ich dafür bei Jens leisten muss. Das zu erreichen wird ein sehr langer, vermutlich jahrelanger Weg, aber ich habe begonnen, ihn zu gehen.

Schon im Vorwort habe ich darauf hingewiesen, dass Angehörigenverbände seit langem neuem Wege in der Psychiatrie fordern. Damit insgesamt eine bessere Chance auf die nötige und durchgehende Behandlung schwer psychisch Erkrankter entstehen kann, müssen Gesetze überarbeitet werden. Die größte Herausforderung ist es, die Autonomie und den Willen des psychisch erkrankten Menschen so weit wie möglich anzuerkennen und dennoch zu einer Behandlung zu kommen. Um dieses Ziel zu erreichen und Zwangsmaßnahmen möglichst gering zu halten, bedarf es viel mehr gut ausgebildeten Fachpersonals und viel mehr Ressourcen in der Psychiatrie. Vor jeder Zwangsbehandlung muss selbstverständlich das Abwägungsprinzip zwischen dem Nutzen der Behandlung und dem Schaden gelten, der durch die Autonomieeinschränkung und den Zwang entsteht.

Aus Sicht der Angehörigen sollten dabei aber unbedingt auch finanzielle und soziale Schäden, die durch die unbehandelte Erkrankung entstehen, beachtet werden. Die Möglichkeiten und der richtige Zeitpunkt des Eingreifens müssen neu überdacht und geregelt werden. Es geht um Hilfe für schwer erkrankte Menschen, die sich selbst nicht helfen können und sich durch die Auswirkungen ihrer unbehandelten Erkrankung möglicherweise ihre Zukunft ruinieren. Viel zu oft ist für die Betroffenen nach zu später Hilfe die Rückkehr in ein gelingendes Leben nicht mehr möglich, und schlimmstenfalls führt das Fehlen der Therapie zu Wohnungslosigkeit oder gar Suizid.

Epilog

Das einzig fruchtbare Verhältnis zu den Menschen –
gerade zu den Schwachen – ist Liebe,
das heißt, mit ihnen Gemeinschaft zu halten.
(Dietrich Bonhoeffer)

Das Telefon klingelt. Ich höre am eingestellten Rufton, dass es mein Sohn ist. Vorsichtshalber setze ich mich auf den nächsten Stuhl, bevor ich annehme. Jens machte in letzter Zeit einen stabilen Eindruck. Trotzdem denke ich: „Es kann doch nicht sein, dass es schon wieder eine Krise gibt? Oder doch?"

Jens ruft sehr selten an. Wir verständigen uns meistens über SMS und E-Mail. Ich nehme an und höre ein in meinen Ohren wohlklingendes: „Hallo, Mutti!" Dann berichtet Jens mir, dass ein Freund, den er vor zwei Tagen besucht hat, positiv auf Corona getestet worden sei. „Unser Treffen lassen wir diese Woche besser ausfallen, ich will Dich ja nicht anstecken. Aber mir geht es gut", sagt mein Sohn und klingt ganz gelassen.

Ich atme ganz langsam aus, und meine verspannten Schultern senken sich. Jens erzählt noch eine Weile, und ich lausche mit wachsender Erleichterung seiner vertrauten Stimme. Ich bin unendlich dankbar für diese kleine Normalität und wünsche mir nichts mehr, als dass es doch möglichst noch lange so bleiben möge.

~

Das Kapitel ist abgeschlossen. Auch wenn Du es immer wieder hervorholen willst, es ist abgeschlossen! Es wird noch weiter in Dein Leben reichen, wie alle Dinge, die Dir widerfahren sind. Und doch ist es abgeschlossen. Darin liegen sein Segen und auch sein Angebot. Gerade, weil das Kapitel beendet ist und nur deshalb. Und dazu musst Du loslassen, was Du ohnehin nicht festhalten kannst. Es steht nichts weiter als die Überschrift des nächsten Kapitels auf Deiner weißen Seite. Das, was Du jetzt eröffnen kannst, ist etwas Neues. Es trägt das heutige Datum. Es ist weich wie Ton auf der Scheibe. Fängst Du an?

(nach Ulrich Schaffer)

Anhang

Politische Verbesserungen im Interesse der Angehörigen

Ich möchte aus meinen Erfahrungen drei dringend erforderliche Verbesserungen in der ambulanten Versorgung nennen:

1. Stärkung der Ressourcen von sozial-psychiatrischen Diensten und ambulanten psychiatrischen Pflegediensten

Eine Zwangsbehandlung ist für alle Beteiligten ein Trauma. Angehörige und Betroffene wünschen sich sehr, Zwangsbehandlungen zu reduzieren und im besten Fall ganz zu vermeiden. Damit das gelingen kann, müssen die Ressourcen der sozialpsychiatrischen und der psychiatrischen Pflegedienste erweitert werden. Den bestehenden Diensten fehlen die Ressourcen, um Besuchsversuche mehrfach zu wiederholen und eine aufsuchende Betreuung leisten zu können.

2. Einrichtung einer Notrufnummer mit Akutdienst für psychiatrische Notfälle

Für psychische Krisenfälle sollte es eine unabhängige Notrufnummer mit einem Akutdienst geben. Wenn eine psychiatrisch geschulte Fachkraft statt oder mit der Polizei Kontakt mit dem erkrankten Menschen aufnimmt, kann allein das schon eine große Hilfe sein, die Zwang und Gewalt reduziert.

3. Schutz vor Obdachlosigkeit

In mehreren Bundesländern erhalten obdachlose Menschen mit dem aktuellen Modell-Projekt „Housing First" eine Wohnmöglichkeit. Das ist ein großartiges Projekt, dem ich noch etwas hinzufügen möchte: Psychisch erkrankten Menschen sollte die Wohnung nur dann gekündigt werden dürfen, wenn ein angemessener Ersatzwohnraum zur Verfügung gestellt werden kann. Dieser Schutz vor Obdachlosigkeit muss gesetzlich eindeutig verankert werden.

Begriffserklärungen und hilfreiche Adressen

Die nachstehenden Quellenangaben, Literaturtipps und Internetadressen haben mir persönlich im Laufe der Jahre immer wieder geholfen. Sie können nicht den Anspruch der Vollständigkeit erfüllen und sind nur als Anregung für weitere Informationen zu verstehen. Einige der angegebenen Bücher sind gegenwärtig nur gebraucht zu erwerben. Ich habe sie trotzdem mit aufgenommen, weil sie für mich sehr wichtig sind.
Der letzte Zugriff auf die Kontaktdaten und Websites erfolgte im Februar 2023. Die Erklärungen und Bemerkungen sind zur besseren Übersicht den einzelnen Kapiteln zugeordnet und in der entsprechenden Reihenfolge aufgeführt.

Zum Kapitel: Vorwort

Forensik
In forensischen Kliniken werden psychisch erkrankte Straftäter, die schuldunfähig sind untergebracht und therapiert. Ein anderer Ausdruck für Forensik ist „psychiatrischer Maßregelvollzug".
In den Medien wird leider häufig berichtet, dass ein psychisch erkrankter Straftäter in eine psychiatrische Klinik gebracht wurde. Die fehlende Unterscheidung zwischen psychiatrischen und forensischen Kliniken

ist sehr problematisch und führt zu einer weiteren Stigmatisierung aller psychisch erkrankten Menschen.

Zum Kapitel: Über dieses Buch

Psychose
Eine Psychose ist eine große Krise, die alle Lebensbereiche des Betroffenen erfasst. Für die Erkrankten ist nichts mehr, wie es vorher war. Die Wahrnehmung verändert sich stark, das Denken wird sprunghaft und ungeordnet. Andere Menschen können den Gedanken und Worten der Betroffenen oft nicht mehr folgen. Die Realität wird vom Erkrankten nicht mehr richtig erfasst, und es kann zu Wahnvorstellungen kommen. Psychotisch werden kann unter persönlichen Belastungen jeder Mensch, nur die Veranlagung und die Wahrscheinlichkeit sind unterschiedlich ausgeprägt.[4]

Die Internetseite www.psychenet.de gibt neben Literatur ebenfalls umfangreiche und aus meiner Sicht sehr hilfreiche Informationen zu Psychosen.
Viele Informationen bietet auch die Deutsche Gesellschaft für Kinder- und Jugendpsychiatrie: www.dgkjp.de

---

[4] Vgl. Bock, Thomas: Menschen mit Psychose-Erfahrung begleiten, Psychiatrie Verlag, 2020.

Zum Kapitel: Einleitung

Schizophrener Formenkreis

Die Diagnose „schizophrene Psychose" wird bei Veränderungen der Wahrnehmungen, der Sprache und des Denkens gestellt. Die Folge ist, dass der/die Betroffene für andere völlig unverständlich wird und in einer eigenen Welt lebt. Unter bestimmten Voraussetzungen und in besonderen Situationen kann jeder Mensch erkranken. Sehr umfassende und gut verständliche Informationen über die Erkrankung mit all ihren Folgen sind in dem Buch „Schizophrenie – Die Krankheit verstehen, behandeln, bewältigen"[5] zu finden.

Das Entstehen einer Schizophrenie ist wie alle Psychosen nicht erblich. Die Wahrscheinlichkeit, daran zu erkranken, ist bei allen Menschen genetisch unterschiedlich ausgeprägt.[6] Kommen zu einer erblich bedingten erhöhten Wahrscheinlichkeit der Erkrankung andere Risikofaktoren – wie zum Beispiel Traumata oder Drogen – hinzu, steigt die Gefahr, dass dieser Mensch erkrankt.

Es gibt unterschiedliche Wechselwirkungen zwischen den Umweltreizen und dem Gehirn. Zur

---

[5] Von Asmus Finzen, Psychiatrie Verlag, 2020.
[6] Vgl. Bock, Thomas: Umgang mit psychotischen Patienten, Psychiatrie Verlag, 2013.

Erklärung wird deshalb häufig von einem „Verletzlichkeits-Stress-Modell" gesprochen.[7]

Der Verlauf einer Schizophrenie wird in Episoden oder Schübe aufgeteilt. Die Krankheitssymptome in den akuten Phasen sind sehr unterschiedlich in ihrer Art und in der Ausprägung. Akute Phasen können immer wieder und mit unterschiedlicher Dauer auftreten. Die Krankheit kann chronisch werden und nach jeder Krise können auch dauerhafte Symptome zurückbleiben. Ohne medikamentöse Behandlung haben ca. 85 Prozent der Betroffenen einen Rückfall, mit konsequenter Medikation sind es nur 15 Prozent.[8]

Zwangseinweisungen

Unter bestimmten Voraussetzungen kann ein psychisch erkrankter Mensch gegen seinen Willen in einer Klinik behandelt werden. Voraussetzung dafür ist, dass durch die Erkrankung eine Gefahr für den Erkrankten selbst oder für andere Menschen besteht. Ein ärztliches Attest und eine richterliche Genehmigung sind zwingend erforderlich und müssen bei einer zwangsweisen Unterbringung im Akutfall unverzüglich nachgeholt werden. Ein Akutfall besteht immer, wenn Gefahr im Verzug ist, also wenn der Betroffene sich selbst oder andere akut gefährdet.

---

[7] Vgl. Matthias Hammer und Irmgard Plößl: Irre verständlich: Menschen mit psychischer Erkrankung wirksam unterstützen, Psychiatrie Verlag, 2020.
[8] Siehe unter www.neurologen-und-psychiater-im-netz.org.

Französische Fremdenlegion

In der französischen Fremdenlegion können sich Menschen aus verschiedenen Nationen nach Bestehen der Auswahlkriterien als französische Soldaten verpflichten. Es gibt Rekrutierungsbüros und Vorauswahlzentren, bevor die Teilnehmer eine militärische Grundausbildung erhalten. Eine Bewerbung hierfür kann nur persönlich in Frankreich erfolgen. Die Fremdenlegion wird weltweit bei Konflikten und Kriegen eingesetzt. Die Ausbildung und die Einsätze sind selbst für Gesunde physisch und psychisch belastend.

Zum Kapitel: Wir haben schon auf Mama gewartet

Psychotrope Substanzen

Mit psychotropen Substanzen sind alle legalen und illegalen Drogen gemeint, die die Psyche beeinflussen, zum Beispiel Alkohol, Cannabis, Opiate.

Zum Kapitel: Ist das die Pubertät oder stimmt was nicht?

Frühsymptome

Die Erkenntnisse der Medizin und die Literatur zum Thema Frühsymptome haben sich sehr verbessert. Der Umgang mit dieser Frage ist viel offener geworden. Leider erlangte ich zum damaligen Zeitpunkt nur wenig Kenntnis betreffend einer Frühsymptomatik und der Behandlungsmöglichkeiten.

Ich möchte an dieser Stelle aktuelle Quellen nennen, die mir beim Schreiben des Buches besonders positiv aufgefallen sind.

Unter www.neurologen-und-psychiater-im-netz.org ist nachzulesen, dass es bei Schizophrenien Vorphasen (Prodomalphasen) gibt, die häufig mit einer hohen emotionalen Empfindlichkeit und dem Verlust von bisherigen Interessen verbunden sind. Die Anfangsphasen können sowohl akut als auch langsam schleichend auftreten und sind unter Umständen kaum spürbar.

www.psycho-check.com ist eine Website, die Angebote zur Früherkennung psychischer Erkrankungen und zur Förderung der psychischen Gesundheit enthält. Hier heißt es: „Junge Erwachsene nutzen die psychiatrisch-psychotherapeutische Hilfen kaum oder erst spät, obwohl 75 Prozent aller psychischen Erkrankungen bereits im jungen Erwachsenenalter auftreten. Werden psychische Erkrankungen früh erkannt und angemessen behandelt, wirkt sich dies günstig auf die Gesundung aus. Eine frühe Behandlung erster Symptome kann sogar den Ausbruch einer schweren psychischen Erkrankung verhindern."[9]

---

[9] www.psycho-check.com/schnell-check

Sehr gute und hilfreiche Informationen sind auch auf folgenden Websites zu lesen:

https://publi.lvr.de/publi/PDF/952-RZ_LVR_Ratgeber_Kleinkinder_gesamt_220411_bf.pdf

https://www.kindergesundheit-info.de/themen/entwicklung/psychische-gesundheit/

https://www.psgn.ch/diagnosen/psychosen-schizophrenie/frueherkennung-psychose.html
https://www.zusammengegencorona.de/corona-im-alltag/psychisch-stabil-bleiben/fachkraefte-in-schule-und-kita/resilienz-was-koennen-eltern-fuer-sich-tun/

Schulpsychologische Beratungsstellen
Diese Beratungsstellen gibt es in allen Bundesländern. Unter der Internetadresse www.schulpsychologie.de ist ein Verzeichnis aller Beratungsstellen zu finden. Trägerinnen sind die Kreise oder die kreisfreien Städte. Dort sind Psycholog:innen angestellt, die der Schweigepflicht unterliegen. Das Angebot der Beratung ist kostenlos. Bei schulischen Krisenfällen wird auch Unterstützung zur Bewältigung und Stabilisierung angeboten.

Zum Kapitel: In der Kinder- und Jugend-psychiatrie

Fixierung
Die Fixierung eines Patienten in der geschlossenen Psychiatrie bedeutet einen sehr schwerwiegenden Eingriff. Sie stellt eine Form der Freiheitsentziehung dar und kann bei den Erkrankten leicht zu traumatischen Folgen führen. Eine Fixierung ist für die Psychiatrie immer das letzte und schwerwiegendste Mittel. Die Umstände sind gesetzlich geregelt und nur in hoch akuten, gefährlichen Situationen darf eine Fixierung ohne die Genehmigung eines Richters erfolgen. In diesen Fällen muss die richterliche Genehmigung schnellstmöglich nachgeholt werden. Es werden verschiedene Formen der Fixierung unterschieden. Der Verlauf der Fixierung muss immer dokumentiert werden, und die fixierten Patient:innen müssen ununterbrochen unter Beobachtung sein.

Selbstfürsorge
Unter Selbstfürsorge wird alles verstanden, was dazu beiträgt, die eigene psychische und körperliche Gesundheit zu erhalten, zum Beispiel gesunde Ernährung, ausreichend Schlaf, Hobbys, Entspannung. Abgrenzung und Selbstfürsorge gehören zusammen. Die wichtigsten Fragen an sich selbst sind dabei: Wer bin ich, und wo sind meine emotionalen Grenzen? Was ist mir wichtig, und wie

sorge ich für mich, wenn ich mich unsicher oder schlecht fühle? Wie kann ich mich innerlich von einer Situation verabschieden und negative Gefühle beenden? Mein Buchtipp zu diesem Thema ist „Selbstmitgefühl" von Kristin Neff, Kailash Verlag 2012.

Selbsthilfegruppen:
Selbsthilfegruppen können unter folgenden Kontaktdaten gefunden werden:
Deutschland:
www.nakos.de

Österreich:
www.selbsthilfe.at

Schweiz:
www.selbsthilfeschweiz.ch/shch/de.html

Über die Kontaktdaten des Bundesverbandes sind die weiteren Landesverbände zu erreichen:

Bundesverband der Angehörigen psychisch erkrankter Menschen e.V.
Oppelner Str. 130, 53119 Bonn
Tel. 0228-71002400
Beratung für Angehörige: 0228-71002424
www.bapk.de
E-Mail: bapk@psychiatrie.de

Kontaktadresse für Österreich:
Hilfen für Angehörige psychisch Erkrankter (HPE)
Österreich
Brigittenauer Ländle 50-54/1/5, A-1200 Wien
www.hpe.at
E-Mail: office@hpe.at

Kontaktadresse für die Schweiz:
Dachverband der Vereinigungen von Angehörigen
psychisch Erkrankter (VASK)
Langstrasse 149, CH-8004 Zürich
www.vask.ch
E-Mail: info@vask.ch

Kontaktdaten von psychiatrischen Gesellschaften in
Deutschland:

Deutsche Gesellschaft für Psychiatrie und
Psychotherapie, Psychosomatik und Nervenheilkunde
e. V. (DGPPN)
Reinhardtstraße 29, 10117 Berlin
Telefon: 030-240 477 20
www.dgppn.de
E-Mail: sekretariat@dgppn.de

Deutsche Gesellschaft für soziale Psychiatrie (DGSP)
Zeltinger Str. 9, 50969 Köln
Tel.: 0221-51 10 02
Fax: 0221-52 99 03

www.dgsp-ev.de
E-Mail: info@dgsp-ev.de

Für Österreich:
Österreichische Gesellschaft für Psychiatrie,
Psychotherapie und Psychosomatik - ÖGPP
Molischgasse 11/R01, A-1140 Wien
Tel: +43-1-9144180
www.oegpp.at
E-Mail: office@oegpp.at

Österreichische Schizophrenie Gesellschaft (ÖSG)
Wagner-Jauregg-Weg 15, A-4020 Linz
Tel. +43 050 554/62-36500
http://schizophrenie.or.at/
für die Schweiz:
Schweizer Gesellschaft für Psychiatrie und
Psychotherapie (SGPP)
Altenbergstrasse 29
Postfach 686, CH-3000 Bern 8
Telefon +41 (0)31 313 88 33
Fax +41 (0)31 313 88 99
www.sgpp.ch
E-Mail: sgpp@psychiatrie.ch

Therapeutische Wohngemeinschaften:
Therapeutische Wohngemeinschaften sind Wohnmöglichkeiten mit unterschiedlichen Betreuungsangeboten. Je nach Art und Schwere der psychischen Erkrankung erhalten die Bewohnerinnen und Bewohner Betreuung und Unterstützung durch Fachkräfte in unterschiedlichem Umfang. Leider ist die Nachfrage zu Plätzen in Wohngemeinschaften meist größer als das Angebot. Das gilt insbesondere für psychisch schwer Erkrankte mit hohem Betreuungsbedarf.

Zum Kapitel: Gehen Sie lieber nicht allein

Sozialpsychiatrische Dienste (SPD):
Die Sozialpsychiatrischen Dienste der Gesundheitsämter haben die Aufgabe, Menschen mit psychischen oder sozialen Problemen und ihre Angehörigen zu beraten und zu begleiten. Ziel ist es, eine Beziehung zu den Betroffenen aufzubauen und weitere passende Hilfen zu vermitteln. Leider scheitert dies häufig an der fehlenden Bereitschaft und der fehlenden Einsicht der Betroffenen. Dieses Problem ist Teil der Erkrankung, wenn die Betroffenen den Bezug zur Realität verlieren. Die Erkrankten reagieren dadurch völlig anders, als es sonst der Fall gewesen wäre.

Angehörigenorganisationen wünschen und fordern seit Langem eine Verstärkung der Sozialpsychiatrischen Dienste. Ressourcen für wiederholte Versuche der Kontaktaufnahme, sooft es eben nötig ist, müssen geschaffen werden. Die aufsuchenden Hilfen müssen viel mehr gestärkt werden, um neue Wege gehen zu können.

Eine meiner Leseempfehlungen dazu ist das Buch „Eigensinn und Psychose: "Noncompliance" als Chance"[10]

Autonomie oder unterlassene Hilfeleistung

Ein viel diskutiertes Thema ist die Frage, wie die richtige Balance zwischen Autonomie der Erkrankten und einer unterlassenen Hilfeleistung gefunden werden kann. Auch Angehörige fragen sich immer wieder, wo der freie Wille der Erkrankten aufhört und welche Reaktionen krankheitsbedingt sind. Gibt es ein Recht auf Krankheit und muss jede krankheitsbedingte Ablehnung von Hilfe akzeptiert werden? Abwarten zu müssen und nichts tun zu können, bevor etwas Schlimmes passiert, empfinden Angehörige oft als unverantwortlich und als unterlassene Hilfeleistung.

Der Landesverband Angehöriger psychisch Erkrankter Hamburg forderte auf einer Fachtagung mit dem Titel „Zwischen Recht auf Autonomie und unterlassener Hilfeleistung" Folgendes:

„Es muss darüber gesprochen werden, ob es ethisch vertretbar ist, einen erkrankten Menschen unter Berufung auf die Willensfreiheit sich selbst zu überlassen. Es muss auch darüber gesprochen werden,

---

[10] Von Thomas Bock, Paranus Verlag, 2017.

ob es ethisch zu rechtfertigen ist, tatenlos zuzusehen, wie sich ein erkrankter Mensch zunehmend weiter schädigt."[11]
Zu diesem Thema möchte ich das Buch „Hard to reach: schwer erreichbare Klientel unterstützen"[12] empfehlen.

Geschlossene und geschützte Stationen
Auf den geschlossenen oder geschützten Stationen der psychiatrischen Kliniken werden Patient:innen aufgenommen, die sich selbst oder andere Menschen gefährden. Oft werden Patient:innen, die sich in einer hoch akuten Ausnahmesituation befinden, von der Polizei in die Kliniken gebracht. Nach der Entscheidung eines Psychiaters erfolgt die stationäre Aufnahme. Ist ein längerer Aufenthalt erforderlich, muss, wie bei allen freiheitsentziehenden Maßnahmen, außerdem ein/e Betreuungsrichter:in zustimmen.

Die geschlossene Unterbringung kann auch von Betreuer:innen und Angehörigen beantragt werden. Ein entsprechender Antrag bei einem Betreuungsgericht führt zu einem, meist leider langwierigen, Verfahren mit psychiatrischen Gutachten und richterlicher Prüfung.

---

[11] Dr. Hans Joachim Meyer: „Warum wir Angehörige nicht tatenlos zusehen dürfen". In: „Soziale Psychiatrie", Ausgabe 3.2017, S. 36.
[12] Von Karsten Giertz, Lisa Große und Silke B. Gahleitner (Hg.), Psychiatrie Verlag, 2021.

Nach meiner Erfahrung wünschen sich Angehörige oft, dass endlich eine Behandlung stattfindet, damit für die Betroffenen weitere Schäden im sozialen Umfeld und Schäden finanzieller Art abgewendet werden können. Viele Angehörige sind der Meinung, dass das erkrankte Gehirn Entscheidungen fehlleitet und der Erkrankte damit keinen freien Willen mehr bilden kann. Oft wissen Angehörige, dass der/die Erkrankte in gesundem Zustand niemals hätte so leben wollen. Gutachter:innen und andere Fachpersonen beurteilen die individuelle Situation jedoch häufig anders als die Angehörigen.

Die Möglichkeiten und der Ablauf einer Unterbringung sind in Deutschland im Bürgerlichen Gesetzbuch (BGB) §1906 gesetzlich geregelt.

In Österreich ist eine unfreiwillige Aufnahme im Unterbringungsgesetz festgehalten.

Die Schweiz regelt die Unterbringung in ihrem Zivilgesetzbuch.

Überwachungszimmer

In den Überwachungszimmern werden hoch akute und gefährdete Patient:innen für eine begrenzte Zeit untergebracht und ständig beobachtet. Ziel ist es dabei immer, die Patienten möglichst schnell wieder in ein normales Patientenzimmer zu verlegen.

Diese vorübergehende Reizabschirmung ist manchmal nötig, damit die Patient:innen zur Ruhe kommen. Viele Patient:innen mit einer Psychose leiden in dieser Phase unter einer Reizüberflutung.[13] Die übliche Umgebung kann bei einer/einem akut Erkrankten leicht zu viele Reize ausüben, wovon sich Betroffene nicht abgrenzen können und deshalb nicht zur Ruhe kommen.

Zum Kapitel: Waschen und Trocknen

Gesetzliche Betreuung
Es gibt gesetzliche Betreuung, die von Berufs-betreuer:innen oder ehrenamtlichen Betreuer:innen übernommen wird. Letzere stammen meist aus der Familie oder dem Umfeld der Betroffenen. Die Betreuer:innen werden vom Betreuungsgericht für bestimmte Aufgabengebiete eingesetzt, welche die Betroffenen, bedingt durch die Erkrankung, nicht mehr wahrnehmen können. Die Betreuungsvereine in Deutschland bieten kostenlose Beratung zu allen Betreuungsfragen an. Gesetzliche Vorgaben für eine Betreuung sind im Bürgerlichen Gesetzbuch BGB § 1896 geregelt. Die Entscheidung über Art und Umfang einer Betreuung erfolgt immer individuell und sowohl durch psychiatrische Gutachten als auch durch eine richterliche Genehmigung. Auch bei der Betreuung handelt es sich um eine Form von Freiheitsentzug. Deshalb muss, ebenso wie bei einer zwangsweisen Unterbringung, ein Gericht zustimmen.

---

[13] Vgl. Bock, Thomas: Umgang mit psychotischen Patienten, Psychiatrie Verlag, 2013.

Ausführliche Informationen mit Formularen, Mustern und Vordrucken sind in der Broschüre „Betreuungsrecht" unter www.bmjv.de zu finden.

In Österreich sind die Regelungen ähnlich wie in Deutschland, dort lautet der Begriff aber statt Betreuung Sachverwalterschaft.

In der Schweiz gilt in diesem Zusammenhang, allerdings mit größeren Unterschieden zu den Gesetzen in Deutschland, das Erwachsenenschutzrecht.

Rehabilitation

Für psychisch Erkrankte gibt es spezielle Rehabilitationsmaßnahmen. Sie haben das Ziel, dass die Betroffenen ihre Erkrankung besser verstehen und therapeutische Maßnahmen sowie Hilfe zur beruflichen und sozialen Wiedereingliederung, annehmen können. Die Bereitschaft zur Verhaltens-änderung und auch die Behandlungsmotivation müssen dafür natürlich erst einmal vorhanden sein. Das Fehlen dieser Motivation ist leider sehr häufig der Grund, dass für viele Betroffene überhaupt keine Rehabilitationsmaßnahmen stattfinden können.

Berufsförderungswerk

Das Berufsförderungswerk in Deutschland hat die Aufgabe, Menschen mit gesundheitlichen Einschränkungen wieder in den Arbeitsmarkt einzugliedern. Während der Ausbildungsmaßnahmen findet eine individuelle und an die vorhandenen

Einschränkungen angepasste Unterstützung der Teilnehmer:innen statt.

Zum Kapitel: Ich bin da, wo ich immer bin

Anhörungsvermerk
Bei der geschlossenen Unterbringung von Patient:innen ist eine sogenannte Anhörung gesetzlich vorgeschrieben. Die Anhörung gibt allen beteiligten Personen, also auch den Patient:innen, die Möglichkeit, ihre Sichtweise zur Sache zu schildern.

Genesungsbegleiter:innen
Patient:innen, die selbst einmal psychisch erkrankt waren oder es sind, haben die Möglichkeit, sich zu Genesungsbegleiter:innen ausbilden zu lassen. Genesungsbegleiter:innen werden zunehmend von Kliniken angestellt, um die Patient:innen mit ihren persönlichen Erfahrungen zusätzlich zu unterstützen. Auch im ambulanten Bereich können Genesungsbegleiter:innen tätig werden.

Für Angehörige gibt es eine Ausbildung zur Beratung und Begleitung von anderen Angehörigen als „Peer-Berater:innen".

Zum Kapitel: Der Umzug

Prozesskostenhilfe
Die Prozesskostenhilfe übernimmt auf Antrag die Anwaltskosten für Menschen mit wenig Geld. Entsprechende Nachweise müssen erbracht werden.

Wohnungskündigung
Der Hamburger Landesverband Angehöriger psychisch Erkrankter äußert sich zu dem Thema in seinen politischen Forderungen wie folgt:
„Die sichere Rückzugsmöglichkeit in der eigenen Wohnung bietet eine wichtige Voraussetzung für die Stabilisierung der seelischen Gesundheit. Im Sinne der Inklusion müssen im vertrauten sozialen Umfeld Wohnmöglichkeiten vorgehalten werden."[14]

Zum Kapitel: Ich dachte, diesmal ist es real

Trialogische Gespräche
Trialogische Gespräche finden zwischen psychiatrisch Erkrankten, deren Angehörigen und professionellen Mitarbeiter:innen innerhalb einer Einrichtung statt. Die Gesprächsgruppen werden oft von psychiatrischen Kliniken organisiert. Jeder Gesprächstermin steht

---

[14] Vgl. Momsen-Wolf, Karin: „Politische Forderungen des LApK". Einzusehen beim Landesverband der Angehörigen psychisch erkrankter Hamburg e.V., Wichmannstr. 4, 22607 Hamburg.

unter einem anderen Thema und wird von einer Fachkraft moderiert. Für Angehörige ist es oft sehr hilfreich, von den Erfahrungen und dem Erleben Betroffener zu hören. Das Verständnis füreinander kann durch den Austausch wachsen, und Beziehungen können sich stabilisieren.

Aus persönlicher Erfahrung kann ich die Teilnahme an trialogischen Gesprächen sehr empfehlen. Das aktuelle Angebot dieser Gespräche ist in den jeweiligen psychiatrischen Kliniken und über die Angehörigenverbände zu erfahren.

Zum Kapitel: Da ist er ja wieder

Beratungsstelle

Die im Kapitel genannte Beratungsstelle ist eine Ergänzende unabhängige Teilhabeberatung (EUTB), die es in Deutschland seit 2018 gibt. Ich suchte ein Büro auf, das sich auf Beratung für psychisch Erkrankte spezialisiert hat. Es handelt sich dabei um ein kostenloses Beratungsangebot für Menschen mit Behinderung und für Menschen, die von einer Behinderung bedroht sind. Das Ziel der Beratung ist gesetzlich festgelegt, sie soll die Selbstbestimmung der betroffenen Menschen stärken.

Zum Kapitel: Mir geht es gut, ich therapiere mich selbst

Manie
Manische Patient:innen leben in einem ständigen Hochgefühl und kommen überhaupt nicht mehr zur Ruhe. Häufig werden in manischen Phasen unsinnige Einkäufe getätigt und sinnlose Verträge abgeschlossen. Die meisten Betroffenen fangen ständig etwas Neues an und können ihre Möglichkeiten nicht mehr real einschätzen. Eine Manie ist das Gegenteil einer Depression.

Psychoedukation
Ziel der Psychoedukation ist es, eine bessere Zusammenarbeit der Patient:innen mit den Ärzt:innen und Therapeut:innen zu erreichen. Die Patient:innen werden umfassend über ihre Erkrankung, deren mögliche Ursachen und über Therapieformen informiert. Gleichzeitig sollen Patient:innen Bewältigungsstrategien erlernen und sich praktisches Wissen über Auslösefaktoren, Warnsignale und Krisenpläne aneignen. In Gesprächen werden emotionale Themen bearbeitet und schließlich die nächsten Behandlungsziele vereinbart. Psychoedukation bedeutet also: immer wiederkehrende Gespräche über einen langen Zeitraum, die natürlich nicht in einer akuten Phase geführt werden können und immer an die Belastbarkeit und an die Möglichkeiten der Patienten angepasst sein müssen.

Zu diesem Thema empfehle ich das Buch „Schizophrenie: Die Krankheit verstehen, behandeln, bewältigen"[15].

Außerdem möchte ich auf die Deutsche Gesellschaft für Psychoedukation hinweisen:

Deutsche Gesellschaft für Psychoedukation e.V.
Ismaninger Straße 22, 81675 München
Telefon: 0561 310999 300097
Telefax: 05624 7 300097
E-Mail: anfragen@dgpe.de

Zum Kapitel: Nachwort oder Blick nach vorn

Behindertentestament
Das Behindertentestament ist eine besondere Form des Testaments, bei der ein/e Dauertestamentsvollstrecker:in benannt werden muss. Diese Testamentsform soll sicherstellen, dass der erkrankte oder behinderte Erbe möglichst lange in angemessenem Umfang aus dem Erbe unterstützt werden kann. Die Erstellung eines solchen Testamentes erfordert immer eine individuelle rechtliche Beratung und Beglaubigung durch einen Notar.

---

[15] Von Asmus Finzen, Psychiatrie Verlag, 2020.

Anna Jäger

**Ganz normale Tage.
Geschichten von Träumen
und Traumata**

240 Seiten | 18,00 € (D)
ISBN: 978-3-968370-21-7

Johanna Glaser

**Federn haben eine starke Mitte.
Aus dem Leben eines Ersatzkindes**

72 Seiten | 12,00 € (D)
ISBN: 978-3-968370-15-6

Reni Wagner

**Neben der Realität
Weiblich, 31, ein Kind ... und dann
paranoide Schizophrenie**

92 Seiten | 12,00 € (D)
ISBN: 978-3-944442-91-4

Jana Reich (Hg.)

**Übersehene Kinder -
Biografien erwachsener Töchter
von Borderline-Müttern**

548 Seiten | 34,80 € (D)
ISBN: 978-3-944442-99-0

Lilly Habelsberger

Der Rock meiner Mutter

132 Seiten | 22,00 € (D)
ISBN: 978-3-968370-07-1

Ingeborg und Jürgen Müller-Hohagen (Hg.)

Dialog statt Trauma

304 Seiten | 28,00 € (D)
ISBN: 978-3-968370-03-3

www.marta-press.de